WIE MAN ÜBER GOTT NICHT DENKEN SOLL

Dargelegt an Gedankengängen Philos von Alexandria

von

HERBERT BRAUN

1971

J. C. B. MOHR (PAUL SIEBECK) TÜBINGEN

©

Herbert Braun

J. C. B. Mohr (Paul Siebeck) Tübingen 1971

Satz und Druck: Buchdruckerei Eugen Göbel, Tübingen
Einband: Großbuchbinderei Heinr. Koch, Tübingen

ISBN 3 16 13138 X

INHALT

1. EINFÜHRUNG

Die vorliegende Untersuchung entstand nicht spontan. Die Vorarbeiten für die Kommentierung des Hebräerbriefs brachten mir eine eingehende Bekanntschaft mit Philo ein, einem in Ägypten wirkenden jüdischen Zeitgenossen Jesu von Nazareth. Der philonische Gottesglaube begann mich dabei immer mehr zu faszinieren. So entstand das vorliegende Büchlein als ein kleiner Seitentrieb meiner Beschäftigung mit dem Hebräerbrief.

Diese Philo-Arbeit fragt nicht nach den geistigen Strömen, aus denen das Denken Philos sich speist. Seit langem ist bekannt, wie bei Philo Altes Testament und platonischer Dualismus sich gnostisierend verschränken. Stoische Impulse treten hinzu. Dualistische und monistische Denkweise korrigieren sich in aufregender Weise; so fehlt es bei Philo nicht an krassen Selbstwidersprüchen[1]. Aber nicht der detaillierte Aufweis dessen ist hier beabsichtigt. Hier soll vielmehr die Struktur des philonischen Gottesgedankens auf ihrer eigenen Ebene nachgezeichnet und in ihren Konsequenzen verdeutlicht werden. Dies Ziel bringt es mit sich, daß in dieser Nachzeichnung manche Gedankengänge Philos sich gelegentlich wiederholen; sie gehören ja in Gesamtzusammenhänge, die hier unter verschiedenen

---

[1] Vgl. *Hans Jonas,* Gnosis und spätantiker Geist II 1 (1954) S. 70–74.

Gesichtspunkten zu berücksichtigen sind. Die Wiederho-
lung wurde von mir – im Blick auf die Einprägsamkeit
für den Leser – absichtlich nicht vermieden.

Solch eine nachzeichnende Beschreibung des philonischen
Gottesglaubens scheint mir nützlich zu sein im Blick auf
den gegenwärtigen Stand der Diskussion um die Gottes-
frage. Der religionsgeschichtlich arbeitende Historiker
möchte zu dieser Diskussion mit einem Scherflein beitra-
gen: in den philonischen Texten spricht ein Mann, der das
„Gott allein" leidenschaftlich vertritt. Es gibt Gott, und
eigentlich gibt es nur Gott: das ist Philos Pathos. Was bei
dieser Parole herauskommt, scheint mir auf der Hand zu
liegen: die Existenz des Menschen wird vernichtet, die
ethische Lauterkeit seines Wandels wird vergleichgültigt.
Der Theologe wird, wenn er „Gott" auslegt, das zu bedenken haben. Sehe ich recht, so ist Philo ein klassisches Beispiel dafür, daß die Energie, die theologischerseits auf den
für sich existierenden Gott verwendet wird, dem Menschen
für sein Sein und seinen Wandel gerade nicht sozusagen
von Haus aus hilft. Erst ein sehr bestimmt ausgelegter Gott
scheint mir diese Hilfe zu bringen; aber die Linien zu dem
Neuen Testament – wo es über Gott anders spricht als
Philo oder aber mit Philo auch zusammengeht – auszu-
ziehen, versage ich mir hier, ich habe es des öfteren schon
getan. Hier mag Philo für sich sprechen und uns, wie ich
möchte, warnen; warnen entgegen seiner eigenen Absicht.

Es ist in der letzten Zeit geschehen, daß man einem
theologischen Gegner Antisemitismus – zum mindesten in
der Konsequenz seines Denkens – unterstellt und ihn
damit mundtot zu machen versucht. Allen Kritikern dieser

Arbeit, denen eine in dieser Weise verfahrende Widerlegung vorschwebt, möchte ich zweierlei zu bedenken geben. Einmal: die geistige Überweltlichkeit Gottes, die die konkrete Existenz des Menschen vernichtigt und ihn hinein in eine rein geistige Existenz entweltlicht, geht sicher nicht vornehmlich auf das geistige Erbe des *Juden* Philo zurück. Sodann: bei all meiner theologischen Ablehnung dessen, was Philo „Gott" nennt, ist mir ein Mann wirklich nahe, der von sich zu sagen wagt, er sei wie Esau *und* wie Jakob[2]. Mit Philo zu reden hätte sich gelohnt.

Diese Arbeit ist absichtlich so gehalten, daß auch der denkwillige theologische Nichtfachmann sie verstehen kann. Die in der Fachliteratur übliche und wegen ihrer Kürze praktische Abkürzung der vielen philonischen Schriften ist dem Vorwort des „Theologischen Wörterbuchs" leicht zu entnehmen. Für den griechischen Philotext steht eine deutsche, für den armenischen eine englische Übersetzung zur Verfügung; die „Religion in Geschichte und Gegenwart" (3. Aufl. 1957 ff.) gibt unter dem Stichwort „Philo von Alexandria" alle weiteren nötigen Hinweise. Wo ich – öfter – von der Wiedergabe in der bekannten deutschen Übersetzung abweiche, geschieht es, um die Drastik philonischer Formulierung zu Worte kommen zu lassen.

Für freundliche Hilfe beim Korrigieren danke ich herzlich Frau Dozentin Dr. Luise Schottroff sowie den Herren cand. theol. Klaus Gerecke und Karl-Wilhelm Warthorst. Herr Gerecke fertigte dankenswerterweise das Register.

---

[2] Vgl. unten S. 57 Anm. 111.

2. GOTT, DER SCHÖPFER

Gott existiert. Das ist die erste der fünf Hauptlehren des Moses, die Philo am Ende seines Traktates über die Weltschöpfung einschärft[1]. Gott ist der Seiende, wie Philo wiederholt[2] unterstreichen kann. Dieser seiende Gott ist einer[3]. Ihn finden heißt, die Vielgötterei als falsch erkennen[4]. Es gibt nur Eine oberste Ursache[5]. Die Rede vom „höchsten Gott" meint nicht, daß mehrere Götter existieren[6]. Denn Gott ist der einzige Gott[7]. Die Erbauer des Babelturmes erkennen ihn nicht als den Einen Schöpfer und Vater des Alls[8]. Israel ist im Glauben an den Einen gefeit gegen den Aberglauben[9]. Die Einzigkeit Gottes ist ein so starker Grundsatz, daß aus ihm folgt: auch die Welt ist eine einzige[10]. Freilich, anders als die Welt[11] ist Gott nicht sterblich[12]. Er ist der Ewige[13]. Und zwar besitzt Ewigkeit er allein[14]. Sein Leben ist nicht Zeit, sondern Ewigkeit, das Urbild und Muster der Zeit[15]. Denn

---

[1] op mund 170.172; vgl. Quaest in Ex I 20.

[2] Etwa Abr 121; vgl. *Joh. Leisegang,* Index zu Philo I (1926) S. 226 f., vgl. auch unten S. 19–23.

[3] op mund 171.

[4] virt 214.

[5] virt 216.

[6] leg all III 82.

[7] congr 105.

[8] conf ling 144.

[9] vit Mos I 284.

[10] op mund 171 f.

[11] op mund 171.

[12] virt 204.

[13] congr 105.

[14] virt 204.214.

[15] deus imm 32.

er ist ungeworden, unentstanden [16]. Dem Ungewordenen, Ewigen entspricht die Unsichtbarkeit und der rein geistige Charakter, dem Werden die sinnliche Wahrnehmbarkeit [17]. Dieser strenge Dualismus des Gottesgedankens, den Philo als Meinung des Moses darstellt, wird uns in seinen mannigfachen Brechungen immer wieder zu beschäftigen haben.

Ungeachtet dieses Dualismus bleibt Gott der Urgrund für das All [18], die Eine oberste Ursache [19], die Ursache schlechthin [20]. Als solche baute er die ganze Welt [21]. Die Welt ist durch Gott entstanden als durch ihren Urheber; man schließt auf ihn, wie man von einem Bau auf den Baumeister schließt [22].

Aber Gott ist nicht nur Werkmeister, sondern Schöpfer; er hat das All nicht nur in die Sichtbarkeit gebracht, sondern hat das geschaffen, was vorher nicht da war [23]. Er brachte die Welt aus dem Nichtsein zur Erscheinung [24]. Eben das wird auch mit der textlich fraglichen Stelle gemeint sein: er trägt das Nichtseiende [25]. So ist Gott derjenige, der gezeugt hat [26]; der das All gezeugt hat [27]. Ja,

---

[16] deus imm 56; plant 31; virt 218.

[17] op mund 12.   [18] som I 161; Abr 268.

[19] virt 216.   [20] sacr AC 8.   [21] sacr AC 8.

[22] cher 127. Selten macht der Kontext bei Philo eindeutig klar, ob neutrisch von der Ursache (wie in virt 216) oder maskulinisch von dem Urheber die Rede ist; ich bin in den zitierten nicht eindeutigen Stellen jener Aufteilung in Maskulinum und Neutrum gefolgt, wie *Leisegang* (aaO I S. 69–71) sie vornimmt.

[23] som I 76.   [24] vit Mos II 267.

[25] rer div her 36.

[26] Quaest in Gen II 34, dort nach der einen Lesart der griechischen Fragmente; mut nom 29.

[27] som I 76.

er ist immer noch der Erzeuger des Alls[28]. Gott schafft die
geistige und sittliche Tätigkeit des Menschen immerdar[29];
er hört auch nach dem siebenten Tage niemals auf zu schaf-
fen[30]. Als derjenige, der gezeugt hat, heißt er der Vater[31],
der Vater schlechthin[32], der Vater des Alls[33], ja der Vater
dieses Kosmos; denn der Kosmos belehrt wie ein Sohn den
Moses über den Vater[34]. Gott ist mithin der Vater der
Dinge im Himmel und in der Welt[35], der Vater des geistigen wie des sinnlich wahrnehmbaren Alls[36]. Auch die
Zeit, der Sohn der Welt, geht als Enkel auf Gott zurück[37].
Gott ist also auch Vater der werdenden Dinge[38], ja der
Vater des erdgeborenen, jetzt geformten Menschen von
Gen. 2,7[39], der nicht mit dem gottebenbildlichen, rein
geistigen Menschen von Gen. 1,26[40] verwechselt werden
darf. So kann auf Gott die Terminologie der Schöpfung
angewendet werden: er ist der Schöpfer schlechthin[41], der
Schöpfer des Alls[42], er übte bei der Schöpfung das

---

[28] rer div her 36.
[29] plant 31.
[30] leg all I 5.
[31] mut nom 29.
[32] Quaest in Gen II 34.
[33] τοῦ παντὸς poster C 175; τῶν συμπάντων fug 109 praem
poen 32; πάντων op mund 135 virt 77 218; τῶν ὅλων conf ling
144 Abr 121; armenisch ohne das Äquivalent eines griechischen
Fragmentes Quaest in Gen I 58 Quaest in Gen IV 130.
[34] spec leg I 41.
[35] deus imm 30.
[36] virt 214.
[37] deus imm 31.
[38] leg all I 18.
[39] virt 203 f.
[40] op mund 69.
[41] ποιητὴς Quaest in Gen II 34 (auch griechisch im Frag-
ment).
[42] τοῦ παντὸς poster C 175; τῶν συμπάντων praem poen 32;
πάντων virt 277, sinngemäß mut nom 29; τῶν ὅλων conf ling

„machen"[43]. Er kann aber auch als der Schöpfer eines
schwächlichen menschlichen Körpers gelten[44]. Folgerichtig
begegnen für Gott denn auch die Titel, die ihn nicht als
Schöpfer im strengen Sinne, sondern als Bearbeiter be-
schreiben. Am häufigsten[45] spricht Philo vom Verfertiger
(δημιουργός): er ist der Hersteller dieses ganzen, Sternen-
welt und Erde umfassenden Alls, der diese Tätigkeit aus-
übte und immer noch ausübt[46]; er ist der Verfertiger dieser
Welt, auf den vom fertigen Werk her geschlossen werden
kann[47]. Gott ist der Verfertiger dieser Welt schlechthin[48],
und die Zusammenstellung dieses Verfertigers mit Gott[49]
oder mit dem Schöpfer[50] in der gleichen Wendung erweckt
den Eindruck, die Bezeichnung Gottes als eines Verfertigers
bedeute für Philo keine Degradierung Gottes. Aber auch
Gott als Künstler (τεχνίτης) ist eine nicht seltene[51] philonische Redeweise. Philo gebraucht das Verb[52] wie das
Substantiv[53]; Gott gehört für ihn in die Reihe der Künstler[54]. Das zeigt sich daran, daß, wie in irdischen Verhält-
nissen, so auch bei Gott das Schlußverfahren von den Wer-

144; armenisch ohne das Äquivalent eines griechischen Fragmentes Quaest in Gen I 58 Quaest in Gen IV 130.

[43] fug 95; Quaest in Gen II 34.

[44] som I 123.

[45] Etwa 2 1/2 Spalten im Leisegangschen Index zum Wort-
stamm.

[46] leg all III 99.   [47] cher 126 f.

[48] mut nom 18.   [49] mut nom 18.

[50] mut nom 29.

[51] Etwa eine Spalte im *Leisegang*schen Index zum Wort-
stamm.

[52] mut nom 29.   [53] congr 105.

[54] aet mund 44.

ken auf den Künstler angebracht ist[55]. Dieser Künstler
fertigte die himmlischen und die irdischen Dinge[56]. Der
himmlische Mensch ist ein Sprößling, der irdische eine Formung dieses Künstlers[57]. Bei der Erschaffung der Welt
teilte der Künstler Seele und Gliedmaßen des Menschen
wie die Substanz des Ganzen[58]. Philo meint also nicht
zwei gottheitliche Personen, wenn er bei der Schöpfung
den Künstler den Leib des Menschen herstellen, den Vater
und Lenker des Alls dem menschlichen Leibe die Seele ver-
leihen läßt[59]. Philo beschränkt die Tätigkeit dieses Künstlers aber nicht auf die Schöpfung am Anfang, wie es bisher
scheinen könnte. Philo kann zwar formulieren, Gott sei
nicht nur der künstlerische Hersteller, sondern auch der
Vater alles Werdenden[60]; als werde die Durchwaltung des
Alls dem Künstler abgesprochen. Gleichwohl ist es der
Künstler, dessen Werk nach der Schöpfung weitergeht,
wenn er den schwächlichen Leib der weichlichen Genießer
bildet[61], wenn er Einsicht und Tugend pflanzt[62]. Wieder
scheint es, diese Bezeichnung Gottes als Künstler stelle für
Philo keine Peinlichkeit dar: er kann den Künstler ganz
eng mit dem Vater[63], mit dem zeugenden Vater[64], mit
dem Schöpfer[65] und dem Ungewordenen[66] verbinden; er
kann ihn durch den weiteren Kontext kommentieren als

---

[55] spec leg I 41; leg all III 99.
[56] deus imm 30. [57] leg all I 31.
[58] rer div her 133. [59] op mund 135.
[60] leg all I 18. [61] som I 123.
[62] plant 31. [63] deus imm 30.
[64] mut nom 29. [65] som I 123.
[66] plant 31.

den Vater [67], als den, der geschaffen hat und immer schafft [68], als den Einzigen und Ewigen [69].

Und doch trügt der Eindruck, als spreche Philo von Gott als dem Schöpfer und Verfertiger und Hersteller irdischer Dinge ohne Einschränkung. Gott kann zwar – analog der bisherigen Darstellung – der Baumeister der ganzen Welt heißen [70]. Man muß solche Bezeichnungen aber – nach Philo – recht verstehen. Gott ist das Seiende, und als solches hat es mit den bezogenen, den relativen Dingen nichts zu tun [71]. Es wirkt nicht selber, es wirkt vielmehr mittels von Kräften. Gott als Vater zeugte und verfertigte das All mittels der schöpferischen Kraft [72]. Er verfertigte die Welt gemäß der schöpferischen Kraft [73], und dies „gemäß" hält für Philo die Einschaltung noch weiterer Vermittlungen, wie wir sehen werden, also eine noch stärkere Herausarbeitung der Indirektheit der Beteiligung Gottes am Werdenden, offen. In Gen. 18,2 ist der Vater des Alls die mittlere Gestalt. Die beiden Gestalten zu seinen beiden Seiten sind die ältesten und nächsten Kräfte des Seienden, die schöpferische und die regierende Kraft, die den Namen „Gott" und „Herr" tragen [74]. Die schöpferische Kraft übt das Wohltun und spendet Gnade [75]. So fördert Gott das Wachstum, er übt vom Unsichtbaren zum Sichtbaren hin Wohltat am Geistigen und am Ungeistigen mit ein und derselben Gnade [76]. Der Grund für die Herstellung der

---

[67] spec leg I 41. [68] plant 31.
[69] congr 105. [70] mut nom 30.
[71] mut nom 27. [72] mut nom 29.
[73] fug 95. [74] Abr 121.
[75] som I 162 f.; mut nom 29.
[76] Quaest in Gen IV 189.

Welt ist also die Güte des Schöpfers[77]. Die regierende
Kraft dagegen, der „Herr", übt die Herrschaft über das
Geschöpf aus[78].

Wie sieht das im einzelnen aus? Das Sichtbare ist un-
belebt, das Belebende unsichtbar[79]. Die Welt hat die akti-
ven Kräfte nicht in sich[80], wie die Harmonie der Gestirne
ja auch nicht von selber entstanden ist[81]. Nicht die Gestirne bringen die Jahreszeiten hervor, sondern die Macht
des Vaters[82]. Die Welt bewegt sich nicht in einer freige-
lassenen Bewegung, sondern Gott lenkt das All[83]. Er
steuert das All[84], er ist der Steuermann[85]. Er sitzt dem
Himmel auf[86], er hält die ganze Welt am Zügel[87], er ist
der Zügelhalter[88]. Er regiert über die ganze Welt wie über
einen Flügelwagen[89]. Diese Lenkung des Alls durch Gott
ist eine heilsame Lenkung[90]. Gott ist nicht nur der Aufseher und Wächter und Betreuer seiner eigenen Macht[91].
Der Eine oberste Urgrund übt die Fürsorge für die Welt
und für die Dinge in ihr[92]. Der Pharao, der sich zwar als
durch den Schöpfer gemacht versteht, dabei aber die Welt
und ihren Inhalt als ohne Providenz und Fürsorge be-
stehend glaubt, erkennt Gott nicht[93]. Noah widerlegt

---

[77] cher 127.
[78] Abr 121; som I 162; mut nom 28.
[79] Quaest in Gen III 48.   [80] mut nom 16 f.
[81] Quaest in Gen III 34.   [82] Quaest in Gen IV 51.
[83] conf ling 98.   [84] conf ling 98; mut nom 16 f.
[85] Quaest in Gen II 34.   [86] rer div her 99.
[87] rer div her 99; mut nom 16 f.; decal 60.
[88] Quaest in Gen II 34.   [89] Quaest in Gen IV 51.
[90] conf ling 98; decal 60.   [91] Quaest in Ex II 83.
[92] virt 216; op mund 171.   [93] Quaest in Gen IV 87.

durch seine Grenz-Existenz – der letzte des alten und der erste des neuen, unschuldigen Menschengeschlechts – solchen Zweifel an der Fürsorge Gottes für die Welt[94]. Diese Providenz ist nach den Naturgesetzen notwendig: das schaffende Prinzip *muß*, wie Eltern für Kinder, für sein Werk Sorge tragen[95]. Einzelereignisse werden in die Gesamtordnung also als schicksalbestimmt eingefügt[96]. Freilich ist das nicht eine Gesamtordnung, die nun, ohne Steuermann und Zügelhalter, von sich aus liefe; Gott verwendet die Elemente nach seiner Wahl[97]. Darum ist es eine gleichsam wunderhafte Bewegung, die der Unsichtbare an uns Sichtbaren wie an Puppen hervorbringt[98]. Gottes Wohltaten, wie die Manna-Gabe, sind Geschehnisse, die die Erwartung übersteigen[99]. Gott will nicht nur das Beste, er vermag alles[100]. Das Schlangenwunder gründet nicht in einem von Moses geübten Trug, sondern in einer mehr göttlichen Kraft, der alles zu vollbringen leicht fällt[101]. Solche der Erwartung und der Vernunft widersprechenden Taten wie das Wasserwunder (Ex. 17,1 ff.) sind für Gott ein Kinderspiel[102]. Derjenige, für den Gott als der Seiende und als der Gott der drei Tugenden nicht glaubhaft ist, kann durch bisher nicht gesehene und gehörte Zeichen zum Glauben gebracht werden[103]. Abraham bittet um solch ein sinnenfälliges Zeichen für sich selbst zur Bekräftigung der Verheißung[104], und bei der Zeugung Isaaks wird das Ele-

---

[94] praem poen 23.
[95] op mund 171.
[96] Quaest in Ex II 58.
[97] Quaest in Gen IV 51.
[98] Quaest in Gen III 48.
[99] vit Mos II 259.
[100] Abr 268.
[101] vit Mos I 94.
[102] vit Mos I 212.
[103] vit Mos I 76.
[104] Quaest in Gen III 2.

ment normaler Ereignisse durch die göttliche Macht und
Gnade denn ja auch beiseite geschoben [105]. Moses bittet um
deutliche Beweise, die die Aufrichtigkeit seiner Praxis der
Priesterwahl dem Volke Israel dartun sollen [106]. Moses ist
empört über die Unbeständigkeit der Israeliten, die auch
nach den deutlichsten Beweisen, nach zahlreichen uner-
wartbaren und ungewöhnlichen Geschehnissen, ihm den
Glauben versagen [107]. Auf das Gebet der Israeliten hin erschreckt Gott die Ägypter mit Zeichen und Wundern und
Erscheinungen all der außergewöhnlichen Erweisungen
jener Zeit [108]. In alledem wirkt Gott als der große Lenker [109], als der Heerführer [110], als der Verwalter der Dinge
im Himmel und in der Welt [111]; als der Erhalter des
Alls [112].

Gott hat die Welt geschaffen gemäß der schöpferischen
Kraft, er lenkt sie mittels der königlichen Kraft [113]. Diese
Vermittlung, diese Indirektheit läßt sich genauer spezifi-
zieren. Gott schuf die Welt durch den Logos [114]. Im Logos
wurde zunächst die unkörperliche Welt aufgebaut [115], das
Modell für die sichtbare Welt [116]. Der Logos Gottes ist
sodann das Werkzeug bei der Erschaffung der sichtbaren
Welt [117]. Der Logos, durch den das körperlich Feste ins

---

[105] Quaest in Gen III 56.   [106] vit Mos II 177.
[107] vit Mos I 196.   [108] spec leg II 218.
[109] op mund 69; vit Mos I 284; mut nom 16 f.; op mund 135.
[110] virt 77.
[111] deus imm 30; Quaest in Ex II 83.
[112] Quaest in Gen IV 23.   [113] fug 95.
[114] deus imm 57; fug 95.   [115] op mund 13–35.
[116] Quaest in Ex II 52; 82; 90.   [117] cher 127.

Dasein kommt, ist die Tetras, die Vier [118], er ist das Eben-
bild Gottes [119], er ist der Teiler aller Dinge [120], er ist Gottes
Wort [121]. Ja, es kann heißen: durch die Sophia, die Weis-
heit ist das All geworden [122]. Auch die Weltlenkung wird
vermittelt durch die ausgesandten Kräfte des Schöpfers [123].
Der göttliche Logos ist in der veränderlichen Welt der
Lenker und Verwalter aller Dinge [124]. Seiner bedient Gott
sich für die Vermittlung der Gaben [125]. Dieser Logos hat
Gott zum Vater, die Sophia, die Weisheit, zur Mutter [126].
Oder es kann heißen: nicht der Seiende selber, seine Doxa,
seine Herrlichkeit kam auf den Sinai herab [127]. Solch eine
Indirektheit ermöglicht ein Schöpfertum und ein Welt-
regiment Gottes, bei dem – ganz im Gegensatz zu dem
stoischen Pantheismus – Gott gleichwohl mit dem Sichtbaren und der sinnenfälligen Welt unverflochten bleibt:
als Urgrund steht Gott *über* seinen Kräften [128].

Diese Indirektheit des Verhältnisses Gottes zur Welt hat
zur Folge, daß man über Gott nicht niedrig und erdhaft
denken darf, sondern übergroß, völlig unmateriell und
hoch [129]. Denn das Unsichtbare und nur Gedachte ist der
Ewigkeit verschwistert; dem sinnlich Wahrnehmbaren, wie
dieser Welt, kommt die Bezeichnung des Werdens zu [130].
Daß Eva, trotz ihrer materiellen Herkunft von Knochen
und Fleisch, gleichwohl einen so wundervollen und lieb-

---

[118] Quaest in Ex II 94.
[119] spec leg I 81.
[120] rer div her 140.
[121] sacr A C 8.
[122] fug 109.
[123] Quaest in Gen III 48.
[124] Quaest in Gen IV 110.
[125] deus imm 57.
[126] fug 109.
[127] Quaest in Ex II 45.
[128] Quaest in Gen IV 25.
[129] leg all III 82.
[130] op mund 12.

lichen Anblick bot, wie Adam (Gen. 2,23) es ausdrückt,
rührt daher, daß *Gott* ihr Schöpfer und Maler war [131]. Nur
Gottes eigentliches Werk ist es, die schönen Dinge zu säen
und zu zeugen [132]. Freilich ehrt Gott nur die wahrhaft
köstlichen Dinge, die ungepflegt und ungeschönt und nur
durch die Natur geschmückt sind [133]. Kein Sterblicher, sondern der Eine ungewordene Verfertiger „pflanzt" den
Menschen mitsamt seinen körperlichen und geistigen Eigen-
schaften [134]. Man darf Gott, den Verfertiger und Urheber,
nicht mit dem Werkzeug verwechseln; das tut Adam, wenn
er (in Gen. 4,1) meint, er, der menschliche Geist, habe
etwas „durch Gott" erworben [135]. Das nüchterne Denken
bekennt Gott als Schöpfer und Vater des Alls, das trun-
kene Denken hält sich selber für den Urheber einer jeglichen Tat [136]. Der rechte Glaube an den Schöpfer ist also
gerade dadurch gekennzeichnet, daß der Mensch sich selber
keine wirkliche Aktivität zuschreibt. Die Masse verehrt
die veränderliche Welt; der Vollkommene übersteigt, wenn
er sich nach dem Verfertiger sehnt, das ganze Werk des
Verfertigers [137]. Denn im Gewordenen liegt nicht die wir-
kende Ursache [138]. Die Materie ist tot; Gott aber ist mehr
noch als Leben, er ist die stets strömende Quelle des Lebens [139]. Schon der Schöpferglaube führt bei Philo in eine
so intensive Verjenseitigung, daß Materie und menschliche
Leiblichkeit gewissermaßen verwelken.

---

[131] Quaest in Gen I 28.
[132] mut nom 138.
[133] Quaest in Ex II 107.
[134] plant 31.
[135] cher 124 f.; 127.
[136] poster C 175.
[137] congr 104 f.
[138] conf ling 98.
[139] fug 198.

3. GOTT, DAS SEIENDE

Gott ist das Seiende; die neutrale Form (τὸ ὄν) nimmt im Philo-Register einen etwas breiteren Raum ein als die maskuline (ὁ ὤν)[1]. Er ist der eine und wirklich seiende Gott[2], oder der wirklich Seiende[3], ja der Seiende[4] oder das Seiende schlechthin[5]. Er besitzt keine Menschengestalt[6], nicht körperliche Teile und Glieder[7]. Gott ist eigenschaftslos[8]. Das Seiende kann von überhaupt keinem Affekt ergriffen werden[9]. Hier tauchen freilich Probleme auf. Das wird daran klar, daß Philo ausdrücklich nur die vernunftwidrigen Affekte wie den Zorn für Gott ausschließt[10]. Das Seiende besitzt alles[11]. Weil alles sein Besitz und seine Gabe ist, geben die Menschen de facto Gott nichts[12]. Aber obwohl Gott alles gehört, bedarf er dennoch keiner Sache[13], keiner erschaffenen Sache[14], das Seiende bedarf überhaupt keiner Sache[15]. Denn Gott hat völlig an sich selber genug[16].

---

[1] *Leisegang,* aaO I S. 226 f.
[2] virt 40.   [3] decal 59.
[4] Abr 121; Quaest in Ex I 20.
[5] migr Abr 182.   [6] leg all I 36.
[7] deus imm 52.   [8] leg all I 36.
[9] deus imm 52.   [10] deus imm 52.
[11] mut nom 28.   [12] spec leg II 180.
[13] spec leg I 271.   [14] spec lec I 277.
[15] mut nom 28.
[16] spec leg I 277.

Der Urgrund befindet sich an keinem Ort[17]; Gott ist nicht irgendwo[18]. Der Urgrund wohnt auch nicht im Dunkeln[19]. Gottes Natur ist ortlos[20]; paradox gesagt: der göttliche Ort ist ortlos[21]. Der Urgrund befindet sich außerhalb des Geschaffenen, er ist über alles hinausgestiegen und ist einer Ortsverhaftetheit überlegen[22]. Dennoch hat dieser ortlose Gott mit der Welt zu tun. Er wird nicht umfangen, aber er umfängt das All[23]; mithin ganz anders als das Gewordene, das sich an einem Orte befindet, umfangen werden muß und selber nicht umfangen kann[24]. So gilt: Gott ist nahe und ist nicht da[25]. Zwar sieht es aus, als werde über Gott räumlich gedacht, wenn es heißt, der Himmel sei der Erste in der Welt und Gott sei der Erste im Himmel[26]. Aber das Wort „Gott ist im Himmel oben und auf der Erde unten" (Deut. 4,39) meint Gott nicht nach seinem Sein, sondern blickt auf seine Kräfte[27]. In Wirklichkeit führt der Aufstieg zu Gott *über* die Himmel[28].

Auch der Zeit ist der Urgrund nicht verhaftet[29]. Das Seiende ist *vor* allem Gewordenen und überschreitet alles Gewordene[30]; Gott hat sich auch die Schranken der Zeit untertan gemacht[31]. So ist bei Gott nichts zukünftig[32]; das erst in Zukunft durch Abraham zustande kommende

---

[17] poster C 14.
[18] leg all III 51.
[19] poster C 14.
[20] Quaest in Ex II 46.
[21] Quaest in Ex II 40.
[22] poster C 14.
[23] migr Abr 182; leg all III 51.
[24] leg all III 51.
[25] Quaest in Gen IV 140.
[26] Abr 272.
[27] migr Abr 182.
[28] Quaest in Ex II 40.
[29] poster C 14.
[30] migr Abr 183.
[31] deus imm 32.
[32] deus imm 32.

Volk wird (in Gen. 25,8) als bereits existierend angenommen[33]. Gottes Leben ist nicht Zeit, sondern das Modell der Zeit, nämlich Ewigkeit[34].

Darum heißt Gott der Stehende[35]; denn das Seiende ist, im Unterschied zu den veränderlichen Dingen, die nach dem Seienden rangieren, das Eine, das in Wahrheit „steht"[36]. Gott ist ohne Veränderung, Bewegung und Wechsel[37]. Genauer gesagt: Gott selbst bewegt sich nicht[38]; bei dem seienden Gott gibt es keine räumlichen oder ortsverändernden Bewegungen[39]. Gottes Natur ist unbeweglich[40]. Die Erscheinungen in der Schöpfung lösen sich auf, die in dem Ungewordenen sind unablässig bleibend, fest und ewig[41]. Die Schöpfung ist unbegründet und unstet, das Seiende besitzt unzweifelhafte Festigkeit[42]. Gott steht immer fest; die geborenen Dinge wechseln[43]. Daher kann der Mensch seine ursprünglichen Absichten nicht mit Festigkeit durchsetzen; Gott dagegen ist nicht unbeständig[44]. Gottes Tugenden schwanken nicht und sind ganz fest; der Mensch kann das immer nur in sehr viel kleinerem Maßstabe erreichen[45]. Denn das Göttliche besitzt ein Übermaß an Festigkeit[46], es ist seine Natur, die fest bleibt[47]. Gott ist unwandelbar[48], und zwar ständig und völlig[49] und

---

[33] Quaest in Gen IV 153. [34] deus imm 32.
[35] Quaest in Gen IV 25; mut nom 87; poster C 19.
[36] mut nom 57. [37] Quaest in Gen I 42.
[38] Quaest in Ex II 37. [39] Quaest in Ex II 45.
[40] Quaest in Ex II 46. [41] leg all III 101.
[42] deus imm 4. [43] Quaest in Gen III 55.
[44] deus imm 28. [45] mut nom 182–184.
[46] som II 223. [47] Quaest in Ex II 37.
[48] mut nom 87. [49] mut nom 24.

nur er allein [50]. Denn das Seiende ist unwandelbar und
unveränderlich [51]; dem Göttlichen eignet das Fehlen von
Wandlung und Veränderung [52]. Abrahams Sitzen (in Gen.
18,1.2) bildet die Unveränderlichkeit des wahren Seins
Gottes ab [53]. Gott verhält sich immer in der gleichen
Weise [54]. Gott offenbart auch nicht sich wandelnde, sondern unveränderlich konstant seiende und bleibende
Dinge [55]. Das Seiende übt Treu und Glauben, die heil und
völlig voll sind [56]. So kann der göttliche Platz eine unver-
änderliche Wohnung heißen [57]. Gottes Natur ist unwandelbar [58]. Gott ist ruhig [59].

Wiederum heißt das nicht: Gott hat mit der Welt überhaupt nichts zu tun. Der Gott, der da „steht", hat gleichwohl alles überholt [60]. Denn der Urgrund hat sich alles
Gewordene unterworfen, er hat die Welt mit sich erfüllt [61].
Wieder sind es auch hier die Kräfte, die zwischen Trans-
zendenz und Immanenz Gottes vermitteln: mittels seiner
Kräfte hat der Urgrund die Welt mit sich erfüllt [62], erfüllt
der Vater in Wirklichkeit alle Dinge zur Errettung aller [63].
Der an sich Seiende berührt mit seinen schöpferischen und
strafenden Kräften ein jedes Ding, er ist ganz nahe und
zugleich fern [64]. Auch: fern. Denn trotz seiner Weltimma-
nenz wird der Urgrund von keiner Sache erfaßt [65], ist das

[50] leg all II 89.
[51] mut nom 28.
[52] som II 222.
[53] Quaest in Gen IV 1.
[54] mut nom 87.
[55] Quaest in Gen III 1.
[56] mut nom 182–184.
[57] Quaest in Ex II 40.
[58] Quaest in Ex II 37; 46.
[59] Quaest in Gen IV 140.
[60] poster C 19.
[61] poster C 14.
[62] poster C 14; deus imm 57.
[63] Quaest in Gen IV 130.
[64] poster C 20.
[65] poster C 14.

Seiende in keinem Einzelnen des Gewordenen enthalten[66], gehört es selber, recht verstanden, niemandem[67]. Der an sich Seiende hat das Geschaffene von seiner Seinsnatur ganz ferngehalten[68]. Denn Gott ist das schlechthin All-gemeine, der schlechthinnige Oberbegriff; alles andere — außer ihm und seinem Logos — wird zwar existent ge-nannt, ist in Wirklichkeit aber dem Nicht-Existenten gleich[69]. Der philonische Gott, konsequent genommen, ver-zehrt gewissermaßen alles, was nicht er selber ist, mit seiner Überwirklichkeit.

---

[66] migr Abr 183.   [67] mut nom 28.
[68] poster C 20.   [69] leg all II 86.

4. GOTTES ERKENNBARKEIT

Daß die Erkennbarkeit eines Gottes, der dem Geschaffenen sich so energisch entzieht, besondere Probleme aufwirft, ist ja vor jeder Einzelbesinnung klar. Gott wird nicht mittels des wahrnehmbaren Lichtes gesehen[1]. Er ist unsichtbar[2], unaufzeigbar[3]. Er kann nur unsichtbar sein, denn er ist das Belebende[4], Aktivierende und ist mithin nicht tote Materie[5], die allein sinnlich wahrgenommen werden kann. Er ist vielmehr ein geistiges Phänomen (νοητὸν) und kann daher nur durch einen geistigen Vorgang (νόησις) erkannt werden. Auch die unter Gott stehenden ordnenden Mächte sind nicht durch Sinneswahrnehmung, sondern nur durch reinste Vernunft begreifbar[6].

Der Mensch sucht Gott. Solch ein Suchen bringt gleich beim Beginn der Überlegung Freude ein[7]. Es bleibt nicht erfolglos[8]; Abraham gewinnt nach seiner Auswanderung in der Tat deutlichere Vorstellungen von Gott[9]. Gott kommt wegen seiner gnädigen Natur dem Schaubegierigen

---

[1] mut nom 6.
[2] poster C 15; decal 59 60; Quaest in Gen III 48; Quaest in Ex II 37.
[3] rer div her 130; mut nom 58.
[4] Quaest in Gen III 48.   [5] fug 198.
[6] spec leg I 45–49.   [7] fug 141.
[8] fug 141   [9] virt 215.

entgegen mittels der jungfräulichen Gnaden[10]; er erbarmt
sich der Sehnsucht des Menschen und schärft seinen Blick[11].
Das Seiende bietet sich der Vorstellung überall dar[12]. Gott
zeigt sich[13], er bietet sich dar[14], er gewährt seinen Anblick[15]. Aber er tut das derart, wie es für den Unaufzeig-
baren allein möglich ist: er offenbart sich als Anfang und
Quelle aller Gnaden[16]. Gott erscheint in seinen Kräften,
im Logos[17]. Der Wohltäter tritt auf mit seinen jungfräulichen Töchtern, den Charites; nur die Oberfläche Gottes,
sozusagen zweidimensional ohne Tiefenausdehnung, tritt
dabei zutage, und zwar mittels anderer, speziell der gnädigen und wohltätigen Mächte, die ihn als Wohltäter aus-
weisen[18]. Die gotterfüllten Männer erschließen auf Grund
der Ordnung in der Welt die Existenz Gottes; sie begehen
einen Weg, der von unten nach oben führt[19]. Sie sind
dabei schon gute Treffer[20]. Dieser Weg der Schlußfolge-
rung ist freilich überbietbar, wie noch deutlich werden
wird. Aber auch die Kräfte Gottes werden nicht etwa
durch Sinneswahrnehmung, sondern durch reinste Vernunft begriffen; sie machen, wie ein Siegel, nur einen Ab-
druck ihres Wirkens faßbar[21]. Gott läßt nur den Glanz
seiner Kräfte sehen[22]; am Sinai sahen die Beteiligten nicht,
wie sie meinten, Gott, sondern nur seine Doxa, seine

---

[10] fug 141; Quaest in Ex II 61.
[11] praem poen 39.
[12] migr Abr 183.
[13] mut nom 58.
[14] fug 141.
[15] praem poen 39.
[16] mut nom 58.
[17] Quaest in Ex II 37.
[18] Quaest in Ex II 61.
[19] praem poen 41–44.
[20] praem poen 45; 46.
[21] spec leg I 45–49.
[22] Quaest in Gen I 54.

Kräfte[23]. Gott zeigt nur das, als was er erscheinen will; z. B. in Ex. 24,17 keine wirkliche Flamme, sondern etwas, das wie eine Flamme aussieht[24]. Gott erscheint dem Abraham indirekt[25]; nur indirekt mittels der Strahlen, mittels des sekundären Lichtes, auf dem Wege über die Mächte, kann die Seele das ehrwürdigere und strahlendere Licht Gottes schauen[26]. Daß Abraham den Einen direkt, ohne Vermittlung durch die Schöpfer- und Königsmacht, in Gen. 18,3 sieht, dürfte auf einem Mißverständnis seitens des armenischen Textes[27] beruhen; die entsprechende Passage im griechischen Philo[28] vermeidet Formulierungen des direkten Sehens. Vielmehr bietet das Seiende sich der Vorstellung überall dar, tritt aber nirgends richtig in Erscheinung; es ist unaufweisbar und wird gleichsam doch aufgewiesen; es ist unsichtbar und gleichsam doch sichtbar[29]. Die Welt lehrt mithin nur, *daß* Gott ist[30]. Auch die deutlicheren Vorstellungen, die Abraham nach seiner Auswanderung über Gott bekommt, beziehen sich nur auf Gottes Existenz und Providenz[31]. Was die gotterfüllten Männer auf Grund der Ordnung der Welt auf dem Wege von unten nach oben erschließen, ist nur die Existenz Gottes[32]. Dieser Schluß auf einen unsichtbaren, nur geistig erfahrbaren Urheber gilt für Philo als berechtigt, weil auch die Seele, die alle Tätigkeiten des menschlichen Lebens

---

[23] Quaest in Ex II 45.
[25] Quaest in Gen III 41.
[27] Quaest in Gen IV 4.
[29] migr Abr 183.
[30] spec leg I 41; praem poen 39.
[31] virt 215.

[24] Quaest in Ex II 47.
[26] Quaest in Ex II 67.
[28] Abr 107–132.

[32] praem poen 41–44.

leitet, unsichtbar ist[33]. Nun gibt es freilich noch einen Weg, der nicht von unten nach oben führt: die wahrhaft Frommen und Gottgeliebten bekommen ohne den Umweg über Vernunftschlüsse die entscheidende Schau von Gott selbst[34]; hier steht Gott als Lehrer im Gegensatz zu sterblichen Lehrern[35]. In dieser Weise sahen die Kinder Israel in Ex. 24,11b Gott mit den Augen des Geistes[36]. Dieser Weg ist besser als der Weg der guten Treffer, der von unten nach oben führt. Denn hier gelangen diejenigen, die sich Gott mittels Gottes, das Licht mittels des Lichtes vorstellen, zur Wahrheit[37]. Aber auch von dieser Schau, die Israel, der Gott Schauende, empfängt, gilt: sie vermittelt lediglich die Einsicht, *daß* Gott ist[38].

Gott ist seinem Wesen nach für jeden unbegreifbar[39]. Himmel und Welt besitzen eine Beschaffenheit, die wahrnehmbar ist; Gott aber ist, abgesehen von seiner Existenz, nicht einmal durch den Geist begreifbar[40]. Nicht einmal eine der Kräfte Gottes ist dem Wesen nach begreifbar[41]; und Gott als Ursache steht noch über seinen Kräften[42]. Das Geschaffene aber kann Gott auch mit den lauteren und körperlosen Beobachtungen des Denkens nicht berühren[43]. Gott bietet sich dar nicht, wie er ist[44]; nicht einmal in der von ihm selber vermittelten Schau[45]. Gott gewährt nicht den Anblick dessen, was er ist[46]. Die Welt lehrt

---

[33] decal 59; 60.

[34] praem poen 41–44.

[35] Quaest in Gen IV 208.

[36] Quaest in Ex II 39.

[37] praem poen 45; 46.

[38] praem poen 44.

[39] poster C 15.

[40] deus imm 62.

[41] spec leg I 47.

[42] Quaest in Gen IV 25.

[43] poster C 20.

[44] fug 141.

[45] praem poen 44.

[46] praem poen 39.

nicht, was Gott seinem Wesen nach ist [47]. Auch Abrahams
deutlichere Vorstellungen bezogen sich nicht auf Gottes
Wesen [48]; auch er bekam von Gott nicht zu erfahren, wie
Gott ist [49]. Gott zeigt nicht das, was sein wirkliches Wesen
betrifft [50]. Es ist nämlich unmöglich, daß ein Mensch das
Wesen Gottes begreift [51]. Für Gott freilich wäre die Ge-
währung seiner Wesenserkenntnis ein Leichtes [52]. Aber der
Mensch ist es, der sie nicht aufnehmen kann; ja der ganze
Himmel und das Weltall können sie nicht fassen [53]. Der
Grund dafür liegt einfach darin, daß die Erkenntnis des
Wesens Gottes keinem erschaffenen Wesen gemäß ist [54].
Gott zeigt sich nur so, wie die Augen des Beschauers die
ursprüngliche und geistige Macht erfassen können [55]; nur
so weit, wie eine gewordene Natur sich der unbegreiflichen
Kraft nähern kann [56], wie eine gewordene und sterbliche
Natur ihn fassen kann [57]. Selbst ein Abraham muß sich
sagen lassen, was für den Menschen schlechthin gilt: er soll
sich von dem Verlangen nach Dingen, die für ihn uner-
reichbar sind und seine Kräfte übersteigen, nicht in schwin-
delnde Höhen emportragen lassen [58]. Denn Licht wird nur
durch Licht erkannt [59] und nur durch Licht gesehen [60]. So
kann man Gott nur erkennen, wenn er allein von sich
Zeugnis ablegt und sich zu erkennen gibt [61]. Dieses Sich-

---

[47] spec leg I 41.

[48] virt 215.

[49] Quaest in Gen III 42.

[50] Quaest in Ex II 47.

[51] fug 141; virt 215; Quaest in Gen III 42.

[52] spec leg I 43; 44.

[53] spec leg I 43; 44.

[54] spec leg I 43.

[55] Quaest in Gen III 42.

[56] fug 141.

[57] praem poen 39.

[58] spec leg I 44.

[59] spec leg I 42.

[60] praem poen 45.

[61] spec leg I 42.

zuerkennengeben ist Gott aber nur sich selber gegenüber
möglich: Gott in seinem Wesen wird nur durch Gott allein
gesehen[62]; Gott, das beste, ehrwürdigste und reinste Wesen, kann nicht von einem anderen geschaut, darf nur von
sich selber wahrgenommen werden[63]. Gott ist also für
den Menschen schwer zu erreichen; dem ihn Suchenden ist
er immer mit großem Abstande voraus[64]. Der Weise gelangt nur bis zu den göttlichen Vernunftkräften und bleibt
in ihnen sozusagen stecken[65]. Gleichwohl genügt die Suche
nach dem Seienden, auch wenn man es nicht findet, zur
Freude[66]. Erreichbar freilich ist auch für die Schau nur die
Welt und die Dinge in ihr[67]; der Frage nach der Gottesschau werden wir in einem späteren Zusammenhange[68]
nachzudenken haben. Der Veruneigentlichung von Materie
und Leiblichkeit[69] durch den jenseitigen Gott, der Verzeh-
rung jedes außergöttlichen Seins durch den jenseitigen
Gott[70] entspricht hier die Aussage: Gott kann nur durch
Gott erkannt und erfaßt werden.

---

[62] praem poen 45.

[63] praem poen 40.

[64] poster C 18–20.

[65] poster C 18.

[66] poster C 21.

[67] spec leg I 49.

[68] S. 72–78.

[69] S. 17 f.

[70] S. 23.

5. GOTTES SPRECHEN

Dieser dualistische Hiatus zwischen Gott und Mensch zerstört freilich nicht jegliche Beziehung zwischen beiden Seiten. Denn der philonische Gott, der vom Alten Testament ja zum mindesten herkommt, spricht. Es wird uns allerdings nicht überraschen dürfen, daß die Jenseitigkeit Gottes auch sein Sprechen typisch modifiziert.

Gott als Lehrer veranlaßt, daß die Weisheit gelernt wird und daß der Lernende Schüler findet und selber Lehrer wird[1]. Gottes Wort ist süß, gut und menschenfreundlich, es vermittelt Rettung[2]. Die heiligen Schriften sind wahrhaftiger als irgendeine andere Sache[3]. Das Gesetz ist dauerhaft, wie das Material, die Steintafeln, zeigen, in die das Gesetz eingegraben ist (Ex. 24,12)[4]. Das Gesetz ist unzerstörbar, darum muß die Lade aus nicht faulendem Holze bestehen[5]. Die Israeliten wurden wunderhaft mit Manna und Wachteln versorgt, damit sie sich nicht wunderten, sondern die Überzeugung gewannen, daß diese Gesetze ganz deutliche Gottesorakel sind[6].

Mit den Einzelheiten der Gesetzgebung, wie sie in Exodus beschrieben werden, ebenso wie mit der Aussage, der erdgeborene Adam sei durch göttliche Hände gebildet

---

[1] Quaest in Gen IV 208. [2] Quaest in Gen IV 49.
[3] Quaest in Gen IV 168. [4] Quaest in Ex II 41.
[5] Quaest in Ex II 53. [6] decal 15; 16.

worden[7], scheint ja nun aber die Jenseitigkeit Gottes auf-
gegeben, dem anthropomorphen Denken über Gott dagegen Tür und Tor geöffnet zu sein. Darum muß Philo
jetzt die anthropomorphe Direktheit alttestamentlicher
Aussagen modifizieren. Gott hat bei der Gesetzgebung am
Sinai nicht mit Mund und Zunge gesprochen. Er ließ vielmehr einen unsichtbaren seelischen Schall in der Luft sich
bilden, der für nahe und fern Stehende ganz deutlich ver-
ständlich war[8]. Das Gesetz ist durch Gott niedergelegt
und geschrieben worden in einer nicht von Händen stammenden Schrift – denn Gott besitzt keine menschliche Gestalt –, sondern auf seinen Befehl und Wink[9]. Bei der
Gesetzgebung ließ Gott nicht eine wirkliche Flamme sehen,
sondern er erweckte bei den Sehenden den Eindruck einer
Flamme[10]. Gott besitzt weder Füße noch Hände oder
Augen oder Ernährungsorgane, ihm eignen weder Affekte
noch Körperteile oder Glieder[11]. In der ganzen Gesetzgebung sind fast nur die beiden Gesichtspunkte möglich:
Gott ist nicht wie ein Mensch (Num. 23,19) und Gott erzieht wie ein Mensch seinen Sohn (Deut. 8,5)[12].

Der erste Grundsatz – Gott ist nicht wie ein Mensch –
enthält die sicherste Wahrheit. Denn er entspricht der
Natur Gottes[13]. Gott ist ja immer nur gleich Gott, er kann
nicht verglichen werden. Dieser Grundsatz beschreibt also
Gott, wie er wirklich ist[14]. Er drückt die Autorität Gottes

---

[7] virt 203.

[8] decal 32; 33.

[9] Quaest in Ex II 42.

[10] Quaest in Ex II 47.

[11] deus imm 57–59; 52.

[12] som I 237.

[13] deus imm 53; 54.

[14] Quaest in Gen II 54.

aus [15]. Darum ist dieser Grundsatz die wahre Rede über das, was Gott betrifft [16]; im Unterschied zu der anthropomorphen Vorstellung, die nicht der Wahrheit dient [17]. Die Freunde der Seele nehmen denn auch das Sein als gestaltlos [18]; die glücklich Veranlagten und die Schuldlosen lassen sich auf einen anthropomorphen Gottesgedanken nicht ein [19].

Gleichwohl ist auch der zweite Grundsatz – Gott erzieht wie ein Mensch seinen Sohn – unentbehrlich. Denn der Mensch ist nicht imstande, den Verzicht auf das anthropomorphe Gottesbild völlig durchzuhalten [20]. Die Freunde des Körpers stellen sich Gott als Geschöpf vor [21]. Die anthropomorphe Rede – Gott benutze Füße, Hände und irgend etwas Geschaffenes – ist deswegen notwendig, weil wir nicht aus uns herauskönnen und weil wir daher die Vorstellungen über das Ungewordene aus unserem Erfahrungsbereich ableiten [22]. Darum dichten wir Gott Hände, Füße, Bewegungen und Leidenschaften an [23].

Die Unentbehrlichkeit der anthropomorphen Rede von Gott gründet in dem, was sie zustande bringen soll. Sie dient unserer Belehrung [24], der Belehrung und Erziehung der Menge [25], der Belehrung und Leitung für uns Erdgeborene [26]. Es geht also um den Nutzen für die zu Belehrenden, wenn Moses der Gottheit Körperteile, Bewe-

---

[15] Quaest in Gen I 55.
[17] som I 235.
[19] deus imm 61; 62.
[21] deus imm 55; 56.
[23] sacr AC 96
[25] deus imm 54.

[16] conf ling 98.
[18] deus imm 55; 56.
[20] sacr AC 94.
[22] conf ling 98.
[24] conf ling 98.
[26] Quaest in Gen II 54.

gung und Affekte zuschreibt[27]. Die anthropomorphe Vorstellung dient nicht der Wahrheit, sondern dem Nutzen der Lernenden[28]. Der Mensch soll auf diese Weise lernen, mit seiner Zustimmung sich der Leitung durch die Gottheit anheimzugeben[29]. Denn die Rede, Gott erziehe wie ein Mensch seinen Sohn, legt eine Milderung der Strafe nahe[30]. Oder die Rede, daß Gott schwört, geht auf die Schwäche des Geschöpfes ein und vermag so das Geschöpf zu trösten[31]. Der Nutzen der anthropomorphen Rede über Gott kann aber auch als unentbehrliches Schreckmittel beschrieben werden. Die Trägen, Stumpfen und Unvernünftigen lassen sich nur durch Angst vor Gottes Zorn und durch Drohungen erziehen; auf sie ist die anthropomorphe Rede über Gott berechnet, analog der Praxis der Ärzte, die dem Kranken nicht die volle Wahrheit sagen[32]. Es gibt eben Menschen, die sind von Natur so stumpf, daß sie nur durch anthropomorphes Reden und durch die damit verbundene Furcht vor Gott zur Vernunft gebracht werden können[33]. Kurz: mittels dieser beiden Grundsätze – Deut. 8,5 und Num. 23,19 – verknüpft Moses die Furcht vor Gott und die Liebe zu Gott. Dem nicht anthropomorph Denkenden ist die Liebe am ehesten angemessen, dem anderen die Furcht[34].

Der Graben zwischen dem Seienden und dem Geschöpf und das schlechthinnige Übergewicht der Gottheit wird deutlich auch an der Art und Weise, wie das prophetische

---

[27] deus imm 60; 61.
[28] som I 235.
[29] Quaest in Gen I 55.
[30] Quaest in Gen II 54.
[31] sacr AC 94.
[32] deus imm 63–68.
[33] som I 236; 237.
[34] deus imm 69.

Reden verstanden ist. Der Prophet ist nur ein Dolmet-
scher; ein anderer legt ihm alles in den Mund[35]. Gott
bringt ihm innerlich zu Gehör, was gesagt werden soll[36].
Der Prophet ist also nichts Selbständiges, er ist das In-
strument; Gott ist der Artist; der Logos ist das Gerät,
mittels dessen der Spieler die Saiten anreißt; die Harmonie aber ist die Bekanntmachung der Gesetzgebung[37]. Kon-
sequenterweise schwindet denn auch während der Gotterfülltheit das bewußte Denken; an seine Stelle tritt der in
den Propheten einziehende göttliche Geist, und er bringt
den Propheten zum deutlichen Aussprechen des ihm Vor-
gesagten[38]. Darum ist die Allegorie die angemessene Aus-
legungsweise für das durch den Enthusiasmos zustande
gekommene Gottesorakel. Man versteht, daß sie Philo als
selbstverständlich gilt. Alles Vordergründige, z. B. die
Namen, müssen in ihr einer Prüfung und Befragung unter-
zogen werden. Die Täuschungsmöglichkeit der Mehrdeu-
tigkeit muß durchbrochen werden. Gilt es doch, jenseits
der sichtbaren Dinge mittels der Allegorie andere Dinge
zu suchen[39]. So kann zwar die Mahnung ergehen, sorgfältig zu hören, damit die gehörten Dinge klarer eindrin-
gen, in dem Hörenden auf allen Pfaden wandern und
seine Gesinnung mit tiefen Eindrücken formen[40]. Es ist
aber gar nicht jenes Hören, das wir mit dieser Vokabel
meinen. Denn in Ex. 24,7 steht zwischen der redenden
Stimme und dem Ohr des Hörenden nicht noch etwas

---

[35] spec leg IV 49.   [36] praem poen 55.
[37] Quaest in Gen IV 196.   [38] spec leg IV 49.
[39] Quaest in Gen IV 243.   [40] Quaest in Ex II 13.

Drittes [41]. Das äußere Wort ist ja schwach und kann in Zweifel gezogen werden. Darum fügt der Erretter dem äußeren Wort den andern Logos hinzu, der untrüglich ist, und dieser treibt den Menschen an, daß er nicht schwankt und sich verwirren läßt [42]. Die Stimme sterblicher Lebewesen wird mittels des Hörens verstanden; da erfolgt das Reden ja durch Verwendung von Substantiv, Verb und Satzteilen. Anders ist es bei der Stimme Gottes; darum wird sie gesehen und nicht gehört [43]. Das Hören nimmt den zweiten Platz ein und rangiert nach dem Sehen [44]. Die Jenseitigkeit Gottes entwertet das diskursive Denken wie das konkrete Sprechen und Hören.

---

[41] Quaest in Ex II 34; vgl. decal 34; 35.
[42] Quaest in Gen IV 90.
[43] migr Abr 47; 48.
[44] Quaest in Gen III 32.

6. GOTTES ÜBERLEGENHEIT ÜBER DAS GEWORDENE

So nimmt es nicht wunder, daß die Wichtigkeit Gottes bei Philo alles Geschaffene unvergleichbar übersteigt. Schon auf dem Felde ethischer Äußerungen zeichnet dies Übergewicht sich ab. Der weise Mann ist ein Feind der Selbstliebe; er liebt Gerechtigkeit und Wahrheit[1]. Der Mann, der Gerechtigkeit, Frömmigkeit und die anderen Tugenden übt, führt ein kampfloses und friedliches Leben; muß er kämpfen, so wird er der Feinde leicht Herr, Gott leitet unsichtbar den Kampf und läßt es sich angelegen sein, die Guten machtvoll zu unterstützen[2]. Der tugendhafte Mann weiht und übereignet die der Befolgung werten göttlichen Lehren Gott, seinem Führer[3]. Wenn die Seele des tugendhaften Mannes mit der Betrachtung der Weisheit erfüllt wird, dann beginnt die Seele die Gegensätze zu gebären, mittels der Trennung der Unterscheidung von heilig und unheilig[4].

Was ist es um das Opfer? Alles ist Gottes Besitz: der Mensch mit seinem Körper und Geist, die Welt mit ihren mannigfachen Inhalten, der Himmel, die Sterne, die Ideen. Nichts von alledem gehört als Eigentum dem Men-

---

[1] Quaest in Gen IV 194.   [2] virt 47.
[3] Quaest in Gen IV 209.   [4] Quaest in Gen IV 158.

schen. Opfert der Mensch, so bringt er der Gottheit nicht sein, sondern ihr Eigentum dar[5]. Die Opfernden geben Gott nichts, denn ihm gehören alle Besitztümer und Geschenke; sie zeigen nur durch ein geringes Symbol ihre dankbare und Gott liebende Gesinnung[6]. Selbst an Hekatomben-Opfern hat Gott keine Freude; denn ihm gehört alles, und doch bedarf er keiner Sache[7]. Die Opfer entsühnen zwar[8]; aber ihrem eigentlichen Sinn nach richten sie sich auf die Gottheit selber, ohne auf menschliche Bedürfnisse und Situationen abzuheben. So muß dort, wo Gott erscheint, auch das Sündopfer vorher unterlassen werden (Ex. 24,5 b); denn jede Form und jedes Wesen von Sünde muß in solch einem Falle vorher entfernt werden[9]. Das Opfer, das der gottgemäßen und auf Gott allein abhebenden Begründung angemessen ist, ist das Ganzopfer; bei ihm entspricht etwas Vollkommenes und Ungeteiltes einer vollkommenen und ungeteilten Einstellung, die nicht mit sterblicher Selbstsucht behaftet ist. Solch ein Ganzopfer wird allein um Gottes willen dargebracht, dessen Ehrung sittliche Pflicht ist[10].

Was ist es um die Dankbarkeit? Wohl kann es heißen: Danksagung und Ehrung gegenüber Gott ist der Anfang einer jeglichen reinen Tat[11]. Gott ist gern gnädig und empfängt gern Dankbarkeit[12]. Wenn der Wohlunterrichtete hört, daß er nicht heimatlos und ausgeschlossen ist, sondern einen Platz gefunden und ein Tugendwort emp-

---

[5] sacr AC 97.
[6] spec leg II 180.
[7] spec leg I 271.
[8] Vgl. unten S. 115 f.
[9] Quaest in Ex II 32.
[10] spec leg I 58; 59.
[11] Quaest in Gen IV 130.
[12] Quaest in Ex II 72.

fangen hat, vollzieht er dankbar den Kniefall[13]. Aber
auch hier eilt die Gedankenführung dem Übergewicht der
Gottheit zu. Ein sterbliches Geschöpf besitzt selber nichts.
Sondern alle Dinge sind Gnade und Gabe Gottes. Ihm
soll man für alles Empfangene eifrig danken[14]. Man denkt
dankbar an Gott dann, wenn man der eigenen schlechthinnigen Nichtigkeit und der schlechthinnigen Überlegen-
heit Gottes gedenkt[15].

Gott ist Anfang und Ende aller Dinge. Seine Gnaden
sind ewig und hören nie auf, ununterbrochen niederzu-
strömen[16]. Den einen gibt Gott seine Wohltaten so, daß
sie durch die Dinge – wie Erde, Wasser, Luft usw. – vermittelt werden; anderen gibt Gott die Wohltaten durch
sich allein, indem er sich zum Losanteil der Empfänger erklärt[17]. Die Toren vergessen Gott ganz und gar. Es kommt
aber darauf an, die rechte Rangfolge zu beachten. Gott ist
das Beste unter den vorhandenen Dingen[18]. Wer den Seienden sieht, kennt den Urheber und gibt allen von ihm
hervorgebrachten Dingen den zweiten Platz; er weist
damit den Dingen ohne Schmeichelei den ihnen gebührenden Rang zu[19]. Weil Gott der Beherrscher aller Dinge ist,
bedeutet ihn zum Herrn zu haben und ihm zu dienen für
die gereinigte Seele den höchsten Stolz und ist mehr wert
als Freiheit, Reichtum, Macht und alles, was das Menschengeschlecht hochschätzt[20]. Ein Diener Gottes zu sein,

---

[13] Quaest in Gen IV 113.   [14] Quaest in Gen III 3.
[15] sacr AC 55.   [16] plant 93.
[17] mut nom 59.   [18] virt 179.
[19] ebr 107.   [20] cher 107.

übertrifft auch die höchste Herrscherwürde [21]. Die an Rang und Kraft ersten Regungen der Seele soll man Gott zuschreiben [22]. Nachor freilich wertet das Geschaffene höher als den Schöpfer, die Welt höher als Gott [23]. Kain gibt beim Opfer das Älteste dem Geschaffenen, das Zweitrangige der Gottheit. So ziehen manche den Körper der Seele, das Versklavte der Herrin vor und ehren damit das Geschaffene mehr als Gott [24]. Sie handeln wie Nachor, der die Welt für den autonomen Gott und nicht für das Werk des autonomen Gottes hält [25]. Man darf aber die Gott gebührenden Ehren nicht den Nicht-Göttern geben [26]. Der gereinigte Sinn schätzt nichts von den Dingen, die hinter Gott rangieren [27]. Wer den Seienden sieht, bekennt: er empfängt von Gott, nicht von den Dingen; er gibt zu, daß er möglicherweise durch die Dinge als durch Werkzeuge empfängt [28]. Im Gewordenen findet sich nichts Vollkommenes; nur manchmal tritt etwas Vollkommenes im Gewordenen durch die Gnade des Uranfanges hervor [29]. Die Vollkommenen gehen zwar von dem Körper, von der Sinneswahrnehmung und von den Körperteilen aus – man kann ohne sie nicht leben, und sie dienen der Erziehung während des leiblichen Lebens –, aber die Vollkommenen haben dabei als Ziel die Weisheit Gottes, den großen Euphratstrom, der voller Freude, Wonne und anderer Güter ist. Der Fortschritt erfolgt von den sterblichen zu den unsterblichen Dingen [30].

---

[21] Quaest in Ex II 105.   [22] sacr AC 72.
[23] congr 49.   [24] sacr AC 72.
[25] congr 49.   [26] virt 179.
[27] plant 64.   [28] ebr 107.
[29] plant 93.   [30] rer div her 315; 316.

So kommt es zu den großen deus-solus-, zu den großen Gott-allein-Bekenntnissen bei Philo. Joseph erklärt (Gen. 50,19), von Gott, nicht von etwas Gewordenem seinen Ursprung zu haben[31]. Wer den Seienden sieht, bekennt, von Gott, nicht von den Dingen zu empfangen[32]. Die Rettung steht im Gegensatz zu einer elenden Existenz, wo man mit anderen Dingen befaßt ist[33]. Gott allein hält schützend seine Hand über die körperlich Gebrechlichen, die sich selber nicht helfen können[34]. Der das Rettungsopfer Darbringende bekennt sich zu Gott als dem wirklichen Retter und Urheber der Gesundung; nicht den Ärzten und den ihnen zu Gebote stehenden Praktiken verdankt sich die Gesundung[35]. Darum soll der Mensch, der in den Kämpfen und Nöten des Lebens die schirmende und schützende Hand Gottes sieht, sich ruhig halten; denn dieser Helfer braucht keine Unterstützung im Kampf[36]. Zwar wünscht Gott nicht die Passivität, sondern die Aktivität des Menschen, so wie der Steuermann angesichts des günstigen Windes nicht auf das Ruder, der Bauer angesichts des günstigen Klimas nicht auf die Bearbeitung des Bodens verzichtet[37]. Gleichwohl gilt: Brot und Wasser ernähren nur, wenn der Logos ihnen die nützenden Kräfte gnädig schenkt[38]. Weder Himmel noch Regen noch Zisterne noch überhaupt etwas Geschaffenes vermögen den Menschen zu ernähren, nur Gott tut es (Gen. 48, 15 griechisch); darum sind alle Wasseransammlungen der Erde auch nicht eines

---

[31] migr Abr. 22.
[32] ebr 107.
[33] Quaest in Gen IV 44.
[34] spec leg IV 199.
[35] spec leg I 252.
[36] som II 265.
[37] Quaest in Gen IV 90.
[38] Quaest in Ex II 18.

Blickes wert [39]. Ja, Nahrung und Genuß ist allein das Aus-
ruhen in Gott; und nur dieser Friede, der Friede der Seele,
ist wirklich ein Friede ohne Krieg; nicht der zwischen-
staatliche Friede ist es [40]. So ist denn, richtig betrachtet,
auch Gott allein Bürger. Jedes Geschöpf ist nur Beisasse
und Fremdling. Die sogenannten Bürger tragen diese Bezeichnung mehr mißbräuchlich als der wirklichen Lage
entsprechend. Für die weisen Männer ist schon der Rang
als Fremdling und Beisasse ein hinreichendes Geschenk. In
der Stadt Gottes aber ist kein Unverständiger auch nur
Fremdling und Beisasse; da gilt er vielmehr als Verbann-
ter [41]. Diejenigen, die wahre Buße zu tun wünschen, reini-
gen ihre Seelen, indem sie nichts sagen, sondern glauben,
daß sie in Nacht und Finsternis stehen [42]. Menschliche
Könige sind stark mittels vergänglichen Materials; von
Gott wird zum König gemacht der Weise, für den unbelebtes und ungeistiges Material keinen Wert hat [43]. Jeder,
der nach Weisheit verlangt und Gott wirklich liebt, mei-
det das Sichtbare, die unbegründeten Meinungen, und be-
jaht Trennung und Mangel als gute Dinge [44].

Mit der Erwähnung der Trennung ist das Stichwort
gefallen für die aus solcher Ausschließlichkeit Gottes re-
sultierende asketische Praxis. Die von Gott geweidete
Seele, die das Eine und Einzige besitzt, von dem alles ab-
hängt, bedarf keiner anderen Dinge [45]. Wenn Gott, wenn
der Himmel von oben regnen läßt, dann trinkt der Mensch

---

[39] deus imm 157.
[40] fug 174.
[41] cher 121.
[42] Quaest in Ex I 13.
[43] Quaest in Gen IV 76.
[44] Quaest in Gen IV 139.
[45] agric 54.

nicht aus einer Zisterne und sucht nicht die kargen Tropfen
auf der Erde; wir ziehen nicht einen durch menschliche
Bewerkstelligung angesammelten Trunk aus dem Brunnen
herauf, wenn der Allvater uns den olympischen Schatz
zur Verfügung stellt[46]. Man trinkt nicht aus einer Zisterne, wenn Gott die ungemischten Rauschtränke dar-
reicht[47]. David, durch seinen Ruf (Ps. 36,4 griechisch) zum
himmlischen und göttlichen Eros hingetrieben, schlägt die
unaufhörlichen Schwelgereien, die sich in den sogenannten
und äußerlichen Gütern ergehen, aus; er wird in seinem
ganzen Denken von dem Stachel göttlicher Ergriffenheit
hingerissen und freut sich in Gott allein[48]. Der ganz gereinigte Sinn verwirft alles Gewordene und kennt und
weiß nur Eines, das Ungewordene; ihm naht er sich, von
ihm wird er angenommen[49]. Abraham hat Vaterland,
Verwandtschaft und Vaterhaus verlassen; er ist ausgesto-
ßen und ehrlos. Da bekennt er: „Aber du, Herr, bist mir
das Vaterland, du die Sippe, du der väterliche Herd, du
die Ehre, die Freiheit, der große und rühmliche und un-
entreißbare Reichtum"[50]. Die Erzväter verachteten das,
was die Menge bewundert, Ruhm, Reichtum und Lust; sie
verlachten auch den Qualm, der zur Täuschung der Zu-
schauer aus Lügen immer zusammengewebt und bunt zusammengesetzt wird[51]. Die von Gott geweidete Seele
schätzt nicht den blinden, sondern den sehenden und sehr
scharf blickenden Reichtum[52]. Es ist die große Wohltat

---

[46] deus imm 155; 156.   [47] deus imm 158.
[48] plant 39.   [49] plant 64.
[50] rer div her 26; 27.   [51] praem poen 24.
[52] agric 54.

Gottes, daß er gnädig sein Erscheinen dort gewährt, wo dafür ein angemessener Raum ist; aber der Mensch muß alles Sinnliche aus sich entfernen[53]. Zurückgezogenheit tut not. Der Tugendfreund soll die von Gott geschenkten Gnadengaben in sicherer Hut bewahren; er soll sie nicht öffentlich vorführen und so ihre leichte Vernichtung rücksichtslosen Feinden ermöglichen[54]. Trennung ist vonnöten; wie Isaak (laut Gen. 24,63) sich von sichtbaren Dingen trennt und sich allein mit dem unsichtbaren Gott zusammenschließt[55]. Der Kampf der Israeliten richtete sich in Wirklichkeit nicht gegen die Nationen, sondern gegen die Regionen der Welt und die vier Elemente[56]. Die hochgemute asketische Verachtung der Welt in all diesen Gott-allein-Parolen ist unüberhörbar.

---

[53] Quaest in Ex II 51.
[54] agric 168.
[55] Quaest in Gen IV 140.
[56] Quaest in Ex I 4.

7. GOTTES GEBEFREUDIGKEIT

Wie schon öfter, nehmen wir auch jetzt wieder wahr: der zuletzt beschriebene Dualismus ist bei Philo kein Hindernis dafür, daß die Gottheit als gebend vorgestellt ist. Nur werden wir auch hier, nun wir über die Gebefreudigkeit des philonischen Gottes zu handeln uns anschicken, beobachten können: der Dualismus formt bei Philo weitgehend auch die Aussagen über Gottes Schenken.

Die Gottheit schenkt überreichlich. Der Reichtum spendende Gott läßt seine jungfräulichen und unsterblichen Gnaden regnen[1]. Er schüttet beständig nie versiegende Gnadengaben aus[2]. So unterstreicht Moses die Gebefreudigkeit und das gnädige Wesen Gottes[3]. Die Gnaden des gern schenkenden Gottes sind maßlos, unumschreibbar, ohne Grenze und Ende; wie Quellen, die mehr aufsprudeln lassen, als geschöpft wird[4]. Die Gnaden Gottes fließen immer, unaufhörlich, ohne Unterbrechung; die Menschen werden bei Tag und Nacht ihrer teilhaftig[5]. Ursprung des Werdens ist die Güte und Gnade Gottes, die er dem nach ihm rangierenden Geschlecht geschenkt hat[6]. Alle Wesen, nicht nur die zusammengesetzten, sondern auch die elementaren und einfachen, wurden göttlicher Gnade gewür-

---

[1] poster C 32.
[2] spec leg II 180.
[3] leg all III 106.
[4] rer div her 31.
[5] spec leg I 285.
[6] leg all III 78.

digt[7]. Das Geschöpf ist niemals ohne Anteil an Gottes
Gnaden, sonst würde es völlig zugrunde gehen[8]. Auch der
ungezähmte Mann kennt das Übermaß der göttlichen
Gnade[9]. Der Gnadenthron (Ex. 25,16 a griechisch; Ex.
25,17 a hebräisch), die Gnadenmacht nimmt, als die vollkommene Form, zu Recht den obersten Platz ein, denn
alle Dinge sind auf ihr gegründet und stehen auf ihr
fest[10].

So heißt Gott der Wohltäter[11]. Gott schenkte, obwohl die
Welt es nicht verdiente; vielmehr aus ewiger Güte, weil
seiner seligen Natur das Wohltun angemessen ist[12]. Die
Abwendung der Menschen von Gott findet sich ein wegen
der natürlichen Sterblichkeit der Menschen; die Befreiung
aber wird zugesichert durch die Gnade des Wohltäters,
den die Menschen als Los gewonnen haben[13]. Gott übt
nicht gelegentlich, sondern unaufhörlich Wohltaten; er
reiht seine Gnadengaben zu einer ununterbrochenen Kette
aneinander[14]. Als Wohltäter sorgt er dafür, daß seine
Gnaden bei dem Empfänger dauernd bleiben[15]. Wenn er
sagt: „ich bin dein Gott", so erweist er damit dem Hörer
und Beschauer eine Wohltat[16]. Die höchste Wohltat liegt
darin, daß zwischen Gott und der Seele nichts, außer der
jungfräulichen Gnade, dazwischensteht[17]. Wenn die Gnade
des Urhebers unserem Wollen zuvorkommt, so geschieht
das, um der Seele eine völlige Wohltat zu erweisen[18]. Das

---

[7] deus imm 104.
[8] poster C 145.
[9] Quaest in Gen IV 231.
[10] Quaest in Ex II 60.
[11] spec leg I 272.
[12] deus imm 108.
[13] sacr AC 127.
[14] plant 89.
[15] congr 38.
[16] mut nom 18.
[17] mut nom 53.
[18] leg all III 215.

Seiende spannte in die Welt des Werdens die sogenannten relativen Kräfte, die königliche und die wohltuende Kraft, eben zum Zwecke der Wohltat an dem Zusammengesetzten [19].

Damit ist aber deutlich geworden: Gott schenkt nicht direkt, seine Gaben werden durch Vermittlung dargeboten; das dualistische Interesse an der Nichtweltlichkeit Gottes bleibt auch hier gewahrt. Eine der wichtigsten Kräfte, mittels deren das absolute Seiende wirkt, ist die Güte, die die Chariten, die Grazien erzeugt, durch die sie das Nichtseiende in Erscheinung treten ließ [20]. Sogar eine doppelte Mittlerschaft – die Güte und dann die Chariten – verhindert hier also einen direkten Kontakt Gottes mit der Welt. Die Direktheit ist freilich nicht schlechterdings ausgeschlossen. Gott gibt die ungemischten Rauschtränke manchmal durch einen dienenden Engel, manchmal aber auch durch sich selbst, ohne jemanden zwischen den Geber und den Empfänger zu stellen [21]. Für gewöhnlich jedoch gilt: angesichts der Menge der Gaben bedarf das Geschlecht der Sterblichen mit seiner verderblichen Natur der Vermittlung der Gaben durch den Engel, den Diener Gottes [22]. Denn niemand, vielleicht nicht einmal die Welt, vermag die maßlose Fülle der Geschenke Gottes und der Weisheit zu fassen; wenn die große Quelle der Gnaden Gottes hinzuströmt, wird die Welt, wie ein kleines Behältnis, ganz schnell übervoll werden, so daß sie übersprudelt und überfließt [23]. Auf die Fürbitte hin öffnet Gott den himmlischen

[19] mut nom 28.
[20] migr Abr 183.
[21] deus imm 158.
[22] Quaest in Ex II 13.
[23] ebr 32.

Schatzbehälter und läßt alle Güter regnen und schneien,
so daß alle irdischen Behälter voll werden und überlaufen[24]. Das Geschöpf vermag den starken und reichlichen
Anprall der Gnaden nicht auszuhalten[25]. Die Gnade ist
zu hoch für einen Menschen; der Mensch betet darum,
dessen für würdig zu gelten, daß er an der Gnade teilhabe[26]. Darum muß Gott, sozusagen, ein übriges tun,
damit die Gnade von dem Menschen empfangen werden
kann. Einigen Seelen kommt Gott sogar ausdrücklich entgegen. Die große Gnade des Urhebers besteht darin,
unserm Wollen zuvorzukommen, um der Seele eine völlige
Wohltat zu erweisen[27]. Gott braucht denjenigen, dem
Wohltaten widerfahren, nicht zum Berater über die Dinge,
die er gnädig schenken will; er pflegt vielmehr die Wohltaten in reichem Umfange zu spenden, ohne daß der Betroffene es vorher begriffen hat[28]. Die Freundlichkeit Gottes kommt jeglicher Äußerung und jedem Gedanken des
Menschen zuvor und ist schneller als irgend etwas in der
Schöpfung[29]. Die göttlichen Geschenke pflegen plötzlich
einzutreffen und auch den Zwischenräumen der Zeiten
voranzueilen[30]. Es ist Gottes Eigenart, das Gute darzubieten und beim Schenken zuvorzukommen, das Schlechte
aber nicht leicht heranzuführen[31]. Die Souveränität des
göttlichen Schenkens bleibt mit alledem gewahrt.

Damit der Mensch die Gaben zu empfangen gleichwohl
imstande ist, werden sie dem Menschen angepaßt. Nicht

---

[24] migr Abr 121.
[25] poster C 145.
[26] Quaest in Gen IV 102.
[27] leg all III 215.
[28] sacr AC 10.
[29] Quaest in Gen IV 96.
[30] mut nom 142.
[31] leg all III 105.

entsprechend der Größe seiner Gnadengaben übt Gott
Wohltat – denn die Gnadengaben sind unumschreibbar
und unendlich –, sondern entsprechend den Kräften derer,
die die Wohltaten erhalten. Denn nicht so, wie Gott wohltun kann, kann das Geschöpf die Wohltaten auch empfangen. Gottes Kräfte sind übergroß; das Geschöpf aber, zu
schwach, um ihre Größe aufzunehmen, würde versagen,
wenn Gott nicht, wohlangepaßt für einen jeden, den Anteil zuwöge und zumäße [32]. Das Manna darf nur täglich
eingesammelt werden; denn die Seele wird den großen
Reichtum der Gnaden Gottes nicht in seiner Gesamtheit
aufnehmen, sondern durch die Fülle wie durch einen Strom
hinweggeschwemmt werden. Es ist besser, man empfängt
die Güter hinreichend und abgemessen und sieht in Gott
einen Verwalter der übrigen Güter [33]. Den Bedürftigen
würde der anhaltende Genuß der gleichen Gaben mehr
schaden als nützen [34]. Die Empfänger sollen aber nicht
übersättigt und übermütig werden; darum ersetzt Gott die
ersten Gnaden durch zweite und die zweiten durch dritte,
er ersetzt alte durch neue Gnaden. Manchmal gibt er verschiedene, manchmal aber auch dieselben Gnaden. Er will,
wir sollen von seinen Gaben Nutzen haben; darum bemißt
er die Gaben nach der Kraft der Empfänger [35]. Z. B.
braucht Abraham Gottes Herrschaft *und* Wohltun; Isaak
aber braucht nur das Wohltun Gottes, die Gnade, durch
die er von Anfang an gut und vollkommen war [36]. Der
Fortschreitende empfängt von Gott als „Gott" Wohltaten,

---

[32] op mund 23.   [33] leg all III 163.
[34] poster C 144.   [35] poster C 145.
[36] som I 162.

um durch die Wohltaten die Vollkommenheit zu erreichen.
Der Vollkommene wird von Gott als dem „Herrn" geleitet und von ihm als „Gott" mit Wohltaten bedacht[37].
Gott gewährt dem der Gnade Würdigen nur all diejenigen
Geschenke, die aufzunehmen er fähig ist[38]. Die göttliche
Gnade fördert nicht alle Seelenteile in allen Tugenden;
jeder soll ethisch das Mögliche tun, das der ihm verliehe-
nen Kraft entspricht[39]. Es gibt einen Segen und viele
Unterarten, entsprechend den Verschiedenheiten der Um-
stände[40]. Die gleiche Proportionierung gilt für das Gebiet
der Belehrung. Jeder erhält Lehren angemessen seiner Fas-
sungsfähigkeit; bei einer vollkommenen Natur wird das
Gefäß des Geistes voll gefüllt[41]. Der Lehrer ist vollkommen und muß beim Lehren die Fassungskraft des Schülers
berücksichtigen, die unvollkommen ist[42]. Der anfänglich
Belehrte darf die weitere Belehrung nicht voll und auf
einmal erhalten; auch der gute Arzt heilt ja in Etappen,
wendet die Heilmittel nacheinander an und führt die Gesundung in zarter Weise herbei[43]. Daß die Gaben Gottes
an den Menschen in *kleiner* Münze ausgehändigt werden
müssen, ist eine klare Konsequenz der Übermächtigkeit
Gottes über den Menschen.

Dieser Übermächtigkeit Gottes entspricht nun auch die
Art seiner Gaben. Die irdischen Gaben werden bei Philo
natürlich erwähnt. Die Güte des Seienden, die älteste der
Gnaden, ist ja der Grund für die Entstehung der Welt[44].

---

[37] mut nom 24.
[38] spec leg I 43.
[39] Quaest in Gen II 63.
[40] Quaest in Gen IV 231.
[41] Quaest in Gen IV 102.
[42] Quaest in Gen IV 104.
[43] Quaest in Ex II 25.
[44] deus imm 108.

Eben diese Güte, eine der wichtigsten Kräfte Gottes, ließ
mittels der Chariten das Nichtseiende in Erscheinung treten[45]. Geschenk und Wohltat und Gnade Gottes sind alle
Dinge in der Welt, ja die Welt selbst[46]. Gott hat die geschaffene Welt eben der Welt selber geschenkt, er schenkte
die Teile der Welt einander und dem Ganzen[47]. So findet
jeder von uns das große Geschenk Gottes, die vollständige
Welt, vor[48]. Das gilt bis ins Detail. Z. B. bekommen wir
von Gott den Weizen, die größte Gabe, die überfließende
Menge eines höchst notwendigen und nützlichen und dazu
noch sehr wohlschmeckenden Nahrungsmittels[49]. Gott ist
aber nicht nur der Geber irdischer Gaben, er ist auch der
Erretter aus irdischen Nöten. In den Kämpfen und Un-
bilden des Lebens kann man Gottes gnädige Hand und
Macht erblicken, wie sie Schutz und Schirm gewährt[50].
Der Mensch braucht sich nicht mehr zu fürchten, wenn er
Gott hat, die Schutzwaffe, die aus Furcht und jeglichem
Leid erlöst[51]. Israel in Ägypten nahm seine Zuflucht zu
dem Retter Gott, der seine wohltätige Hilfe sandte und
die Flehenden aus Nöten und Schwierigkeiten rettete[52].
Er schreckte auf das Gebet der Kinder Israel hin die Ägyp-
ter mit Zeichen und rettete die Mißhandelten; er riß sie
heraus in die Freiheit und gab ihnen fruchtbares Land[53].
So trägt er neben dem Namen des Wohltäters den des
Erretters[54].

---

[45] migr Abr 183.
[46] leg all III 78.
[47] deus imm 107.
[48] ebr 118.
[49] spec leg II 180.
[50] som II 265.
[51] som I 173.
[52] Quaest in Ex II 2.
[53] spec leg II 218.
[54] spec leg I 272.

Der Leib, aus Erde gebildet, bedarf der Nahrung, die
die Erde hergibt; die Seele, ein Teil ätherischer Wesenheit,
wird mit ätherischen und göttlichen Nahrungsmitteln ge-
speist[55]. Das Nebeneinander der materiellen und geistigen
Gaben Gottes bedeutet für Philo also keine Gleichwertig-
keit. Das Übergewicht Gottes über den Menschen drückt
den Wert der irdischen und hebt den Wert der geistigen
Gaben. Für denjenigen, der sich Bildung und heilige Gesetze angeeignet hat, besteht die erste Gnade darin, daß er
als beachtlich und bewährt in Erscheinung tritt und eine
Zahl und einen Rang erlangt[56]. Die einer unerschöpflichen
Quelle gleichenden Gnaden Gottes begaben die Seele[57].
Man muß glauben, daß jetzt und ohne Aufhören die Gnaden Gottes, das von der Seele einzusammelnde Manna,
in reicher Fülle zugeteilt werden[58].

Hier, bei der intensiven Ausmalung der geistlichen Gaben, schlägt Philos Herz. Die der Fassungskraft des einzelnen angepaßte Gabe Gottes ist die Belehrung[59]. Der Vater
läßt keinen Teil der Seele ungeprüft und unbefühlt (Gen.
27,11 f.); aber den Würdigen verleiht er volle Kenntnis[60].
Gott als Lehrer belehrt den Abraham als einen Schüler[61].
Nach ihrem Verlassen der irdischen Dinge begnadet Gott
die Seele mit zwei Geschenken: erstens mit der Erkenntnis
und Schau der unsterblichen Dinge; sodann mit dem zah-
len- und größenmäßigen Wachstum in den Lehren der

[55] leg all III 161.
[56] praem poen 111.
[57] rer div her 31; 36.
[58] leg all III 164.
[59] Quaest in Gen IV 102.
[60] Quaest in Gen IV 201.
[61] som I 173.

Tugend [62]. Gott ist ja die ewig sprudelnde Quelle der Einsicht [63].

Gott ist aber auch die ewig sprudelnde Quelle der Gerechtigkeit und jeglicher Tugend [64]. Er gibt dem Abraham
die beiden Tugenden, Gerechtigkeit und Wahrheit, ununterbrochen und täglich [65]. Gott hat dem scharfsichtigen
Geschlecht die besondere Gnade verliehen, daß die Seele
niemals unfruchtbar und kinderlos, d. h. ohne Tugend sein
soll [66]. Die Reisenden von Ex. 12,11 reisen nicht auf einem
pfadlosen Weg, sondern auf einem Pfad, der für das Reisen
gut ist, der wohlgehalten ist und zur Tugend führt [67]. Gott
verspricht das Land, das bedeutet die viel Ertrag und
reiche Frucht bringende Tugend, nämlich die Abkehr von
Sinneswahrnehmung, Leidenschaften und Bosheiten [68].
Wenn Gott, die geistige Sonne, aufgeht und der Seele
leuchtet, zerstreut sich das Dunkel der Leidenschaften und
Bosheiten, die ganz reine und liebenswerte Gestalt der
strahlendsten Tugend aber tritt in Erscheinung [69]. Durch
Segnen gibt Gott ein bestätigendes Siegel und füllt das
geistliche Feld mit Tugenden [70]. Er öffnet die Schatz-
kammer des Guten, er verschließt die Schatzkammern des
Bösen [71]. Er ist der Erbauer der Gleichheit und jeglicher
edlen Sache [72]. Der göttliche Logos schafft Freundschaft
und Eintracht; immer nämlich ist er der Hersteller von

---

[62] migr Abr 53.
[63] spec leg I 277.
[64] spec leg I 277.
[65] Quaest in Gen IV 115.
[66] rer div her 36.
[67] Quaest in Ex I 19.
[68] som I 174.
[69] virt 164.
[70] Quaest in Gen IV 214.
[71] leg all III 105.
[72] spec leg I 265.

Gemeinschaft und der Erbauer von Frieden[73]. Gott ist der
Geber der Tugend.

Die höchste Wohltat liegt aber darin, daß zwischen Gott
und der Seele, außer der jungfräulichen Gnade, nichts dazwischensteht[74]. Denn Gott erweist dem Hörer und Beschauer Wohltat, indem er sagt: ich bin dein Gott[75]. Gott
als Vater zeugt den Isaak als einen Sohn[76]. Gott stellt
seine Wesensart, die voller Gnaden ist, das Gesetz und
den ältesten Logos des Seins, wie eine gottähnliche Statue
fest auf die Grundlage, die aus der Seele des Gerechten besteht[77]. Als besonderes und größtes Geschenk hat Gott
dem Geschlecht der Menschen die Verwandtschaft mit seinem Geiste gewährt, von dem her wie von einem Urbild
der menschliche Geist entstanden ist[78].

So tritt das Schenken Gottes zutage in der Wirksamkeit
menschlichen Segnens. Bei den guten und die Gesetze handelnd beobachtenden Menschen läßt die Gnade des gern
schenkenden Gottes die Segenswünsche in Erfüllung
gehen[79]. Esaus Wunsch, ein gottgeliebter Mann möge ihn
segnen, zeigt an: er kennt den überfließenden Reichtum
des Segens[80]. Wenn Gott segnet, so verleiht er damit ein
bestätigendes Siegel[81]. Ein für Gott angemessenes Geben
besteht darin: er errichtet ein Testament zum Nutzen
derer, die der Gabe wert sind. Ein Testament ist ein Wahr-
zeichen der Gnade, die Gott zwischen sich, den Schenkenden, und den empfangenden Menschen hingestellt hat[82].

[73] Quaest in Ex II 68.
[74] mut nom 53.
[75] mut nom 18.
[76] som I 173.
[77] som II 223.
[78] praem poen 163.
[79] praem poen 126.
[80] Quaest in Gen IV 232.
[81] Quaest in Gen IV 214.
[82] mut nom 51; 52.

Wie ein Summarium all der mannigfaltigen geistlichen
Gaben ist die Aufzählung der Geschenke Gottes an Abraham: die Erhebung über das Irdische; das Wachstum in
der Erkenntnis des Guten; der Segen, das Beste zu denken
und mitzuteilen; der große Name; die Fähigkeit, des
Segens wert zu sein; schließlich die Begabung aller Teile
der Seele mit diesem göttlichen Segen[83]. Die Überlegen-
heit der geistlichen über die irdischen Gaben entspricht der
Jenseitigkeit und Unweltlichkeit des philonischen Gottes.

Einen hervorragenden Platz nimmt in der Reihe der
geistlichen Gaben Gottes das Mitleid ein, das er der Seele
zuwendet. Er richtet das Gefallene auf und macht das
Tote lebendig[84]. Die locker Lebenden tragen in ihrem Körper eine Leiche; Gott in seiner Gnade aber wendet die Flut
der Laster und belebt den Körper mit einer reineren
Seele[85]. Die Gottheit übt Aufsicht und Gnade und leitet
den unabsichtlich Sündigenden so, daß er nicht übereilt in
Gesetzlosigkeit gerät[86]. Darum gilt es Vertrauen gegenüber der Größe und dem Überfluß der Gnadenakte Gottes[87]. Der wohltätige, gute, menschenfreundliche und alleinige Retter läßt den Wert der Reinheit der Seele, die von
nicht endender und unerträglicher Verderbnis gerettet
werden kann, nicht unbeachtet; er vertreibt und zerstreut
vielmehr alle Feinde, die sie umgeben[88]. Wenn die Bestraften sich die Strafe zur Warnung dienen lassen, sich bekehren und bekennen, werden sie die Gunst des rettenden und

---

[83] migr Abr 1–126.
[84] migr Abr 122.
[85] Quaest in Gen II 12.
[86] Quaest in Gen IV 65.
[87] Quaest in Ex I 12.
[88] Quaest in Gen II 60.

gnädigen Gottes erlangen[89]. Denn Gott erhört fromme
Gebete; er naht sich den Anrufen, die aus einem reinen
Gewissen kommen[90]. In seiner Gnade und Milde richtet er
geschaffene Dinge nicht gemäß *seiner* Größe, sondern gemäß der ihrigen[91]. Man muß ihn dringend anflehen, er
möge an unserem, dem Verderben unterworfenen Geschlecht nicht vorbeigehen, sondern verfügen, daß sein ret-
tendes Erbarmen ewig dauere[92]. Isaak segnet auch den
Esau, weil er an dessen Buße und Wendung zum Besseren
glaubt; so ist Gott nachsichtig gegen die Unglücklichen
und Klagenden und Schreienden[93]. Gott vergibt. Er ist
gut, er schenkt freimütig große Freundlichkeit. Mittels der
Tugenden derer, die das erstreben, wischt er die alten
Schuldurkunden aus, die die Strafe einschließen[94]. Die
Freundlichkeit, die Gott jemandem erweist, gestaltet er als
spezielle Gnade für Abraham (Gen. 20,17.18), indem er
auf sein Gebet hin unabsichtliche Sünden anderer vergibt[95]. Die Gottheit ist nicht unerbittlich, sondern wohl-
wollend wegen der Milde ihrer Natur; wer das begreift,
kehrt in Hoffnung auf Straffreiheit um[96]. Der erste Helfer zum Erlangen der Versöhnung mit Gott ist die Freundlichkeit und Güte Gottes, der, angerufen, stets der Strafe
die Verzeihung vorzieht[97]. Der Sinn des Fasttages ist Reinigung und Abkehr von Sünden. Für die Sünden ist Verzeihung gewährt worden durch die Gnaden des barmher-

---

[89] praem poen 163.
[90] praem poen 84.
[91] Quaest in Gen IV 180.
[92] som II 149.
[93] Quaest in Gen IV 233.
[94] Quaest in Gen I 84.
[95] Quaest in Gen IV 70.
[96] fug 99.
[97] praem poen 166.

zigen Gottes, der die Umkehr eben so hoch schätzt wie das
Nichtsündigen[98]. Darum straft Gott auch die Sünder nicht
sofort, sondern gewährt Frist zur Umkehr und zur Wie-
dergutmachung[99]. Eine sofortige Bestrafung der Sünder
aber dient der Warnung der Gefährdeten und ist so eine
Erbarmungstat des wohltätigen und gnädigen Gottes[100].
An der Wendung zum Besseren und an der Rückkehr aus
der Bosheit der Zerstreuung der Seele darf man nicht
zweifeln; wenn Gott gnädig ist, geht alles leicht[101]. Der
sich erbarmende Erretter kann den Sinn leicht aus Lust
und Begierde, aus langdauernder Verwirrung und Weg-
losigkeit auf den Weg führen, sofern der Sinn nur ohne
Zögern fliehen will[102]. Immer fallen Menschen ab, immer
werden sie befreit; der Abfall findet sich ein wegen ihrer
natürlichen Sterblichkeit, die Befreiung aber wird zugesichert durch die Gnade des Wohltäters, den sie als Los
gewannen[103]. Der zeugende Vater hat Mitleid mit der
Seele, die den himmlischen Ort verlassen hat; er wird ihre
Fesseln lösen und sie als freie in Sicherheit bis zu ihrer
Mutterstadt bringen[104]. Dementsprechend gilt bei Philo
in der Regel die Begehung von Sünde als unvermeidlich.
Es gibt zwar einige gegenteilige Äußerungen. Etwa: das
Leben des tugendhaften Mannes ist voll von Glückselig-
keit, so daß man Sünden nicht hineinbringen könnte[105].
Oder: Gott läßt nicht zu, daß der tugendhafte Mann
irgendwo leer ist und Platz bietet für Böses, das in sein

---

[98] spec leg I 187.
[99] leg all III 106.
[100] virt 41.
[101] praem poen 115.
[102] praem poen 117.
[103] sacr AC 127.
[104] som I 181.
[105] Quaest in Gen IV 92.

Denken oder in irgendeinen Teil von ihm Eingang finden
könnte[106]. Aber die Beurteilung Abrahams ist schon
zurückhaltender formuliert, wenn es von ihm heißt: er hat
als Jüngling die sinnlichen Vergnügungen, als Mann die
Streitereien vermieden; seine gesamte Lebensführung ver-
lief klug und gesund[107]. Für gewöhnlich begabt Gott den
Menschen nicht mit Sündlosigkeit; der Mensch bedarf
vielmehr des göttlichen Erbarmens. Auch der Vollkommene entgeht als geschaffenes Wesen nicht dem Sündigen[108]. Jedes gewordene Wesen, auch wenn es edel ist, ist,
weil es entstanden ist, mit dem Sündigen untrennbar verknüpft[109]. Überhaupt nicht zu sündigen, ist nur Gott vor-
behalten, vielleicht auch einem göttlichen Mann; nach dem
Begehen der Sünde zu einem schuldfreien Leben umzu-
kehren, kommt einem verständigen und den Nutzen nicht
völlig in den Wind schlagenden Manne zu[110]. So stellt
Philo denn auch im Blick auf seine eigene Person fest: ich
bin wie Esau, unbändig und unbeherrscht; ich bin wie
Jakob, weich und nicht roh[111]. Der Mensch bleibt des Mit-
leids Gottes bedürftig. Die Jenseitigkeit Gottes macht aus
diesem Mitleid freilich ein Mittel zur Herauslösung des
Menschen aus der Sinnenwelt.

So ist es denn folgerichtig, daß die Gottheit die einzige
Instanz ist, die wirklich schenkt. Alles ist *Gottes* Gnadengabe, nichts eine Gnadengabe des Gewordenen; das Gewordene hat keinen Besitz, nur Gott hat Besitz, daher

---

[106] Quaest in Gen IV 152. [107] Quaest in Gen IV 152.
[108] spec leg I 252. [109] vit Mos II 147.
[110] virt 177. [111] Quaest in Gen IV 206.

eignet allein ihm Gnade[112]. Die Seele darf nicht sagen, ein Gut gehöre ihr als eigener Besitz; sondern: es ist von außen hinzugekommen gemäß der Großmut des Gnaden regnen lassenden Gottes[113]. Nicht ein sterblicher Mann gießt die Segen aus, sondern die Gnade Gottes[114]. Sinneswahrnehmungen und Denkbewegungen als Geschenk des menschlichen Geistes zu verstehen, entspricht der Einstellung eines gegen Gott kämpfenden Geistes[115]; denn Gott allein ist der Urheber der Gnaden und Güter[116], wie er ja auch der alleinige Retter ist[117]. Darum wird das Seiende dadurch geziemend geehrt, daß man ganz deutlich bekennt, das All sei sein Geschenk[118]. Dabei ist es interessant, daß die Gnade nicht als die erste, sondern als die vierte der sechs göttlichen Kräfte rangiert[119]; nach einer etwas anderen Zählung steht sie sogar an fünfter Stelle[120]. Man ersieht daraus: nicht die Gnade ist das primäre Interpretament der Gottheit; sondern die dualistische Überweltlichkeit und Übergewichtigkeit der Gottheit enthält nur in sich — und gar nicht einmal an erster Stelle — auch das Element der Gnade und der Gebefreudigkeit.

Dieser Tatbestand wird auch daran deutlich, daß die überweltliche Gottheit sich der Welt des Werdens nicht voraussetzungslos zuwendet; daß ein Streben nach Überweltlichkeit auf seiten des Gewordenen immer schon als selbstverständliche Voraussetzung der göttlichen Gnade

---

[112] leg all III 78.
[113] mut nom 141.
[114] Quaest in Gen IV 102.
[115] poster C 36–38.
[116] mut nom 155.
[117] Quaest in Gen II 60.
[118] ebr 117.
[119] fug 94–99; vgl. S. 69 Anm. 67.
[120] Quaest in Ex II 68.

gilt. Zwar kann es heißen, die Welt habe es nicht verdient, daß Gott der Welt die Welt zum Geschenk machte[121]. Aber diese Unwürdigkeit ist doch sozusagen ein Stückchen Würdigkeit, der, weil sie freilich weltverhaftet ist, die Gottheit kräftig nachhelfen muß. Die Gnade des Seienden besteht darin: er ruft das flehende Wort mächtig zu sich empor, sonst wäre es der Niedrigkeit der irdischen Dinge nicht entflohen; das Flehen gelangt zu Gott nur, weil der rufende Gott gütig ist[122]. Gottes Gnade ist also unerläßlich; aber sie knüpft an die menschliche Beschaffenheit an. Nur wenn der menschliche Geist ohne Zögern zur Flucht aus der Sinnesverstrickung bereit ist, kann er durch den sich erbarmenden Retter auf den rechten Weg geführt werden[123]. Wenn die Bestraften sich die Strafe zur Warnung dienen lassen, sich bekehren und ihre Sünden bekennen, werden sie die Gunst des rettenden und gnädigen Gottes erlangen[124]. Die Opfergaben des Ungerechten dagegen werden durch Gott verworfen[125]; wer trotz besserer Einsicht das Schlechte wählt, wird strenger bestraft[126]. Die Gnade des gern schenkenden Gottes läßt die Segenswünsche in Erfüllung gehen bei denjenigen Menschen, die gut sind und die die Gesetze handelnd beobachten[127]. Aus einem reinen Gewissen müssen die Anrufe kommen, denen Gott sich nahen soll[128]. Gerettet werden kann die Seele, weil Gott den Wert ihrer Reinheit nicht unbeachtet läßt[129].

---

[121] deus imm 108.
[122] leg all III 214; 215.
[123] praem poen 117.
[24] praem poen 163.
[125] spec leg I 277.
[126] Quaest in Gen IV 231.
[127] praem poen 126.
[128] praem poen 84.
[129] Quaest in Gen II 60.

Anteil am Erbe verleiht Gott dem Weisen und dem Tugendhaften[130]. Es sind die Tugenden der Fürbitter, die die
große Freundlichkeit des freimütig schenkenden Gottes
veranlassen, die alten Schuldurkunden auszulöschen[131]. Ja,
auch um eines kleinen Restes Tugend willen hat Gott mit
den anderen, nicht tugendhaften Existenzen Mitleid[132].
Darum ist die Tugend die Mutter eines jeden entstandenen
Gutes[133]. Der Würdige ist es, dem die Gnaden Gottes
jetzt und immerdar in reicher Fülle zugeteilt werden[134].
Die Geschenke, die der Mensch anzunehmen fähig ist, gewährt Gott dem Würdigen[135]. Das von Gott errichtete
Testament dient dem Nutzen derer, die der Gabe wert
sind[136]. Die volle Kenntnis verleiht Gott dem Würdigen[137]. Warum die Tugend des Menschen so Großes leisten
kann, wird klar, wenn man ihre Herkunft bedenkt: sie
empfängt die Samen ja von keinem Sterblichen[138]. Der
entweltlichte Tugendmensch, der wahre Hohepriester
nimmt die Zutrünke der ewig strömenden Gnade an und
bringt als Entgelt sich selber dar, indem er das ganze
Trinkgefäß mit ungemischtem Rauschtrank vollgießt[139].
Der Tugendmensch betätigt das, was an ihm göttlich ist.
Entsprechend beschenkt Gott in seiner Gebefreudigkeit
nicht etwas ihm Fremdes, sondern letztlich sich selber.
Denn das Zeltheiligtum entspricht den Wohnungen des
wandernden Gottesvolkes; diejenigen, die diese Analogie

---

[130] Quaest in Gen II 10.
[132] migr Abr 122.
[134] leg all III 164.
[136] mut nom 52.
[138] mut nom 142.

[131] Quaest in Gen I 84.
[133] mut nom 142.
[135] spec leg I 43.
[137] Quaest in Gen IV 201.
[139] som II 183.

erkennen, preisen den Aufseher und Wächter und Betreuer seiner eigenen Macht [140]: letztlich betreut die Gottheit sich selber. Der Dualismus des überweltlichen Gottes regiert auch seine Gebefreudigkeit.

[140] Quaest in Ex II 83.

8. DES MENSCHEN WESEN UND WEG

Was ist es unter diesen Aspekten bei Philo um das Wesen des Menschen? Von vornherein steht fest: nur Gott sät und zeugt das Schöne [1]. Die Seele des schlechten Menschen formte Gott gar nicht [2]. Wie ist das im einzelnen vorzustellen? Es gibt vernunftlose und vernunftbegabte Lebewesen. Bei den vernunftbegabten muß man unterscheiden zwischen vergänglichen und unvergänglichen Wesen, zwischen Menschen und körperlosen Seelen. Die letzteren gehören mit den vernunftlosen Wesen insofern zusammen, als beide Klassen keinen Anteil an der Schlechtigkeit haben [3]; denn ein Engel ist eine geistige Seele, ganz Verstand, ganz unkörperlich [4]. Gott bringt nur gute Dinge hervor, überhaupt nichts Böses [5]. Daraus ergibt sich eine doppelte Art der Schöpfertätigkeit Gottes: teils kommt das Geschaffene von Gott her und wird zugleich direkt durch Gott zustande gebracht; teils kommt es von Gott nur her, ohne direkt durch Gott geschaffen zu sein [6]. Gott selber, also direkt, schuf den wahren Menschen, der, im Unterschied zum vorfindlichen Menschen, reiner Geist ist (Gen. 1,27) [7]; den intelligiblen, unkörperlichen Menschen,

---

[1] mut nom 138.　　　　　　　　[2] mut nom 30–32.
[3] conf ling 176–180.　　　　　　[4] Quaest in Ex II 13.
[5] conf ling 176–180.　　　　　　[6] leg all I 41.
[7] fug 71.

der eine Kopie des originalen Siegels, des Logos, ist[8].
Beim jetzigen, vorfindlichen Menschen dagegen richtete
Gottes Schöpfertätigkeit sich nur auf den vernünftigen
Seelenteil[9]; nur der menschliche Geist geht direkt auf Gott
zurück[10]. Das Vernunftlose im Leben stammt also wohl *von*
Gott her, es wird aber nicht *durch* Gott, sondern durch das
in der Seele herrschende Denkvermögen zustande gebracht[11]; da ist Gott die Ursache, aber nicht das Instru-
ment, mittels dessen die Dinge existent werden[12]. Darum
schuf Gott, wie das „wir" in Gen. 1,26 zeigt, den vorfindlichen Menschen nicht allein[13]; nicht er allein formte die
Seele des Menschen, der weder nur schlecht noch nur gut
war[14]. Gott hat untergeordnete Kräfte, die das gestalten,
was für ihn sich nicht ziemt[15]. Das „wir" stellt nun sicher:
die Guttaten des Menschen gehen auf Gott zurück, die
Sünden dagegen auf andere[16]. Nimmt die Seele eine
schlechte Prägung an, so ist das das Werk der Mitarbeiter;
nimmt sie eine gute Prägung an, so ist das das Werk Gottes. Bei den Guten ist Gott allein der Schöpfer; und nur er
ist der Schöpfer der Guten und Weisen, die weder Reichtum noch körperliche Dinge hochschätzen[17]. Schuf Gott
allein und direkt den vernünftigen Seelenteil des Menschen, so ließ er doch den sterblichen, untergeordneten
Seelenteil durch untergeordnete Kräfte herstellen[18]. Bei
dem vorfindlichen, bei dem im Unterschied zum wahren,

---

[8] Quaest in Gen I 4.   [9] fug 69.
[10] leg all I 41.   [11] leg all I 41.
[12] Quaest in Gen I 58.   [13] conf ling 176–180.
[14] mut nom 30–32.   [15] conf ling 175.
[16] conf ling 176–180.   [17] mut nom 30–32.
[18] fug 69.

rein geistigen Menschen so genannten, mit Sinnlichkeit ver-
mischten Menschen sind Gott *und* seine Kräfte, das „wir",
als Schöpfer beteiligt [19]. Gott allein ist Urheber der Seele
und vor allem der vernünftigen Seele; Gott allein ist der
Urheber des Lebens und vor allem des von Einsicht ge-
leiteten Lebens [20]. So kommt es zu der für Philo höchst
charakteristischen Unterscheidung: eines ist der „Mensch
Gottes" (Deut. 33,1), der Vollkommene, der der Fürsorge
Gottes gewürdigt ist und sich Gottes rühmt; ein anderes der
„Mensch", also der Mensch schlechthin, der Gottes Besitz-
tum ist [21].

Dieser einheitlichen und doch doppelten Herkunft des
Menschen entspricht nun eine analoge, pointierte Auffassung hinsichtlich der Ethik und religio des Menschen. Wie
kam der Mensch zu einer Vorstellung von Gott? Gott
schuf für den Körper nicht eine Seele, die von sich aus imstande wäre, Gott zu sehen. Vielmehr hauchte Gott etwas
von seiner eigenen Göttlichkeit dem Geschöpfe ein. Diese
unsichtbare Göttlichkeit prägte ihre eigenen Wesenszüge
der unsichtbaren Seele ein, so daß nun auch der irdische
Ort teilhat am Bilde Gottes [22]. Mit dem Körper verglichen,
ist die Seele Herrin und Königin und in allen Stücken
besser, weil sie teilhat an einer göttlichen Natur [23]. Im
Menschen ruhen die Abbilder, in Gott die Archetypen und
strahlenden Modelle dunkler Gegenstände [24]. Denn die
Substanz der denkenden und geistigen Seele ist der göttliche Geist, den Gott als Lebenshauch dem Adam ins Ge-

---

[19] fug 71.
[20] fug 198.
[21] mut nom 24–26.
[22] det pot ins 86.
[23] spec leg I 269.
[24] Quaest in Gen I 54.

sicht blies; das Eingeblasene war ein luftiger Hauch, ja noch etwas Besseres: eine Ausstrahlung der seligen, dreimal seligen Natur[25]. So besaß der erdgeborene Adam höchsten Adel: er wurde einer Seele gewürdigt, die von keinem Geschöpf stammt; Gott hauchte ihm von seiner eigenen Kraft so viel ein, wie eine sterbliche Natur fassen konnte[26]. Dieser Adam war Gottes Ebenbild, was das leitende Denkvermögen in der Seele anlangt[27]; denn eben das Denkvermögen, der Lenker der Seele, ist das Bild Gottes[28].

Wie gestaltet sich das Verhältnis des Menschen zur Gottheit? Hier wiederholt sich der Dualismus, der bei der Erschaffung des Menschen obwaltet. Gott heißt im Alten Testament „Gott" und „Herr". Als Gott ist er freundlich, als Herr schrecklich[29]. Für die Schlechten ist Gott „Herr" und „Gebieter", für die Fortschreitenden „Gott", für die Vollkommenen beides[30]. Dem Gerechten will Gott nicht Befehle geben wie einem Sklaven, sondern Weisung erteilen wie einem Freund[31]. Abihu, wie sein Name etymologisch besagt (Ex. 24,1), braucht weniger wegen seiner Torheit Gott als Herrn, er braucht ihn infolge seiner Vernunft mehr als Vater[32]. Die Schöpfungsmacht rangiert also vor der Königsmacht; die Betätigung letzterer setzt die Existenz eines Geschaffenen ja bereits voraus[33]; die Existenz, das Sein, rangiert vor dem Handeln. Gott gibt

---

[25] spec leg IV 123.
[26] virt 203.
[27] virt 205.
[28] op mund 69.
[29] Quaest in Gen IV 53.
[30] mut nom 19; 23; 24.
[31] Quaest in Gen II 16.
[32] migr Abr 169.
[33] Quaest in Ex II 62.

Anordnungen denen, die nicht leicht ohne Furcht gehorchen, und Aufträge wie für seine Freunde solchen Menschen, die darum bitten und Glauben haben[34]. Der Mensch verhält sich zu Gott also in Liebe und in Furcht. Beides scheint sich auszuschließen und sich auf verschiedene Menschen zu verteilen. Der Schlechte und Unverständige hat vor dem „Herrn" Angst, der Fortschreitende empfängt von „Gott" Gutes, der Vollkommene wird von dem „Herrn" geführt und empfängt von „Gott" Gutes[35]. Denen, die an Wehrlosen Unrecht tun, stellt das Gesetz die „Furcht Gottes" vor Augen[36]. Die Erinnerung an frühere Sünden erweckt Furcht und fördert den Geist[37]. Der Mensch soll Gott lieben wie einen Wohltäter: sonst aber muß er ihn fürchten wie einen Gebieter und Herrn[38]. Damit scheint die Rangordnung festgelegt. Wenn jemand sich wie ein Untertan durch Furcht vor dem Herrscher leiten läßt, so ist das weniger wert, als wenn er wie ein Kind durch das Wohlwollen des Vaters gelenkt wird[39]. Das Leben des weisen Mannes und des wahren Hohenpriesters ist ein ehrenvolles Leben[40]. Gleichwohl gibt es keine Liebe zu Gott ohne Furcht. Das am besten geschützte Haus ist die Furcht vor Gott für diejenigen, die Gott als Wache und als unzerstörbare Mauer erkannt haben[41]. Liebe und Furcht leiten die Menschen zur Verehrung Gottes; ja, die Liebe entsteht später im Leben als die Furcht, und darum heißt die Furcht der „Führer"[42]. Abra-

---

[34] Quaest in Gen IV 184.
[35] mut nom 19; 23; 24.
[36] spec leg IV 199.
[37] Quaest in Ex I 15.
[38] spec leg I 300.
[39] fug 98; vgl. auch plant 88.
[40] Quaest in Ex II 107.
[41] migr Abr 215.
[42] Quaest in Ex II 21.

ham bekennt gleichzeitig seine Zuversicht wie seine Furcht und Erschrockenheit; beides befindet sich bei Abraham nicht in einem unvereinbaren Widereinander, sondern in einem sich durchdringenden Einklang[43]. Denn Gott nimmt gnädig die demütige Andacht und Ehrfurcht der Seele an und sagt zu ihr: „sei nicht ängstlich!"[44] Die Überweltlichkeit des Seienden verbindet sich ja mit Gottes anthropomorpher Erscheinungsweise[45]; und eben diese ist es, die den einfachen Fortfall der Furcht verhindert[46].

Wie kommt der Mensch Gott nahe? Adam hatte die Wahlfreiheit, er verwarf das Gute und wählte das Schlechte; er tauschte dabei Unsterblichkeit und Glück gegen Sterblichkeit und Mühsal ein[47]. Von allen Wesen ist es allein der Mensch, der um gut und böse weiß und doch das Schlechte wählt[48]. Gleichwohl kann der Mensch aus dem bloßen Menschsein herauskommen und ein Mensch Gottes werden; nämlich dadurch, daß er zuvor Gottes würdiger Losanteil wird[49]. Hat der Mensch schlechte Gedanken, so kann er durch „trinkbare" Gedanken sich säubern; denn Gott gießt der Seele durch seine Gnade süßes Naß statt des salzigen ein[50].

Wie ist diese Annäherung an Gott nun im einzelnen vorzustellen? Derjenige nähert sich Gott und Gott nähert sich demjenigen und liebt denjenigen, der sich von der rechten Vernunft führen läßt[51]. Die vernünftigen Seelenteile müssen die unvernünftigen beherrschen[52]. Nicht läh-

---

[43] rer div her 28.
[44] Quaest in Gen IV 19.
[45] vgl. oben S. 32 f.
[46] deus imm 69.
[47] virt 205.
[48] conf ling 178.
[49] mut nom 24–26.
[50] leg all II 32.
[51] migr Abr 59; 60.
[52] Quaest in Gen IV 218; 236.

mende und unvollkommen machende Ruhe, sondern Bewegung durch Weisheit ist nützlich und macht ganz gut[53].
Die Vernunft soll sich mit Reinheit paaren, wenn man sich
Gott nähert. Bei Gott ist geschätzt nicht die Menge der
Opfer, sondern der völlig reine, denkende Geist des
Opfernden[54]. Gott erhört Gebete und Anrufe, wenn sie
aus einem reinen Gewissen kommen[55]. Kurz: ohne Reinheit am Körper und vor allem an der Seele darf man zu
Gott nicht herantreten[56]. Man bewahrt die Reinheit und
entsühnt sich von Sünden dadurch, daß man Gott dankt
mittels der Gaben, die er gegeben hat[57]. Mit der notwendigen Reinheit hat Hand in Hand zu gehen die Bereitschaft zur Buße[58]. Die Reinigung der Seele geschieht durch
weise Weltbetrachtung und durch tugendhafte Handlungen[59]. Denn von unheiligen Menschen, in denen Habgier
steckt und die unrechtes Tun planen, darf der Tempel des
Seienden nicht betreten werden[60]. Gott freut sich an
Opfern nur dann, wenn die Opfernden Gott liebende Gedanken hegen und die Frömmigkeit wirklich betätigen[61].
Denn von jedem Gottlosen steht Gott weit weg, er geht
aber einher in den tugendhaften Seelen[62]. Darum soll der
Hausvater beim Passaopfer wie ein Priester gereinigt sein
in Worten, Taten und Gedanken[63]. Wie Himmel und
Erde gegeneinander stehen, so auch der Tugendmensch,

---

[53] Quaest in Gen IV 93.
[54] spec leg I 277.
[55] praem poen 84.
[56] deus imm 8.
[57] deus imm 7.
[58] deus imm 8.
[59] spec leg I 269.
[60] spec leg I 270.
[61] spec leg I 271.
[62] mut nom 265.
[63] Quaest in Ex I 10.

der zum Himmel, der Ungehorsame und aufs Nichtige
Bedachte, der zur Erde gehört[64].

Schon die letzte, dem stoischen Fortschrittsschema
eigentlich widersprechende, weil Tugend und Untugend
dualistisch-jenseitig einordnende Formulierung macht deutlich: die Übung der Tugend ist bei Philo nicht die letzte
Etappe für den Menschen, der zu Gott herantritt. Es gibt
ja Stufen und Grade: das leinene Gewand, das der Hohepriester im Allerheiligsten trägt, hat eine vollkommenere
Ehre und Herrlichkeit als das auf die Fußknöchel rei-
chende, strahlende Gewand, mit dem er im Dienst außerhalb des Allerheiligsten bekleidet ist[65]. Zwar ist auch die
Begegnung mit dem Logos, dem gemischten Licht, für diejenigen, die Gott, das unvermischte Licht, nicht schauen
können, ein recht ausreichendes Geschenk; denn sie haben
keine völlig unerleuchtete Seele, sie kennen die Strahlen
der Tugend[66]. Der Mensch soll sich nach seinen Möglichkeiten verhalten und in die ihm angemessene der sechs von
Gott angebotenen Fluchtstädte fliehen: zu der göttlichen
Vernunft, zu der schöpferischen oder königlichen oder
gnädigen oder gesetzgeberischen und verbietenden Kraft[67].
Nur muß der nach Übung strebende Geist sich darüber
klar sein, daß er zwei Möglichkeiten hat: gute Fahrt oder
das Gegenteil; ständig hinaufzugehen oder hinabzugehen;
von den urbildlichen und unkörperlichen Strahlen der
Vernunftquelle des alles vollendenden Gottes oder von

---

[64] Quaest in Gen I 51.
[65] Quaest in Ex II 107.
[66] som I 117.
[67] fug 94—98.

deren Abbildern, den unsterblichen Logoi, den Engeln, umglänzt zu werden[68].

Die Gotterfülltheit macht den Menschen beständig. Beständig in den Tugenden, wie es die Patriarchen wurden, die wie ein unveränderlich bleibendes Siegel sind[69]. Die gotterfüllte Seele bewundert und ehrt die Ursache, die über den ihr untergeordneten Kräften steht; so steht sie da gleich wie Gott, denn Beharrlichkeit in der Wahrheit ist unbeweglich und andauernd[70]. Der Verstand ist fast wie Gott; er kann unwandelbar und unveränderlich werden[71]. So gilt die Mahnung: „während deine Strebungen bewegt sind wie beim Start zum Wettlauf, geh ruhig auf einen geradeaus gerichteten Kurs! Verbürge Beharrlichkeit und Dauer für den selbstbelehrten Mann!"[72] Körperliche und äußerliche Dinge sind nämlich eintägige, unsichere und vergängliche Besitztümer; nur die Dauerhaftigkeit macht glücklich[73]. Der gerechte Mann lebt in tiefem Frieden; er erfreut sich an Gerechtigkeit und Sicherheit und Geradheit[74].

Die Gotterfülltheit macht den Menschen unsterblich. Wenn man mittels der Tugenden der Frömmigkeit und des Glaubens an Gott hängt, so gleichen diese den Sinn an die unsterbliche Natur an und vereinigen ihn mit ihr[75]. Ein Leben vor Gott ist ein Leben voller Gesundheit und Rettung, und letztere ist der Unsterblichkeit gleich[76]. Gute

[68] som I 115.
[69] Quaest in Ex II 114.
[70] Quaest in Gen IV 25.
[71] Quaest in Gen IV 53.
[72] Quaest in Gen IV 129.
[73] Quaest in Gen IV 134.
[74] Quaest in Gen IV 235.
[75] migr Abr 132.
[76] Quaest in Gen III 57.

Menschen eifern für Unsterblichkeit[77]. Isaak war zeitlos
und nicht vergänglich; er lebte sozusagen nach dem Ab-
lauf der Sterblichkeit[78]. Gott macht jeden der zwölf Patriarchen, die den zwölf Tierkreiszeichen gleichen, unsterblich und ewig[79].

Welches ist der Weg zu diesem Ziel? Die Kenntnis des
Schöpfers bewegt das Geschöpf sogleich zur Liebe gegenüber dem Erzeuger[80]. Freilich, solange Denkvermögen
und Sinneswahrnehmung Geistiges und Sinnliches fest zu
erfassen und in der Höhe zu kreisen meinen, steht der
göttliche Logos weit entfernt; wenn aber beide ihre
Schwachheit eingestehen und gleichsam untergehen, tritt
sogleich der Helfer einer nach Übung strebenden Seele
grüßend heran, er, der rechte, göttliche Logos; die Seele
gibt sich selber auf, sie erwartet aber den von außen
unsichtbar Hinzutretenden[81]. Gottes übergroße Gnade
ruft die Seele des Fortschreitenden zur Vollendung. Als
Fortschreitender steht er zwischen Krankheit und Gesundheit, zwischen Stadtliebe und göttlicher Betrachtung[82].
Der Vollkommene dagegen überschreitet das Werk und
sehnt sich nach dem Künstler; er will dessen Schützling
und Diener werden. So vollzieht er den Übertritt von
jeglichem Affekt und jeglichem Wahrnehmbaren hin zum
Geistigen und Göttlichen[83]. Jerusalem, die Gottesstadt,
das Gesicht des Friedens, liegt nicht in den Gefilden der
Erde, sondern in einer kampflosen und scharf blickenden

---

[77] Quaest in Gen IV 103.   [78] Quaest in Gen IV 122.
[79] Quaest in Ex II 114.   [80] fug 97.
[81] som I 119.   [82] Quaest in Gen IV 47.
[83] congr 105; 106.

Seele, die sich als Ziel ein betrachtendes und friedliches
Leben gesetzt hat[84]. Die Festfreude dient ja dem Meditie-
ren[85]. In der Schöpfung gibt es für Gott keine ehrwürdigere Wohnung als einen schaufreudigen Geist, der alles zu
sehen trachtet und nicht einmal im Traum nach Aufruhr
strebt[86]. Für solch eine inspirierte Seele ist die Rettung
etwas Angemessenes[87]. Niemand ist imstande, den Übertritt einer vollkommenen Seele zu dem Seienden wahrzu-
nehmen; auch die Seele selber weiß nicht um ihre Besserung, ist sie doch zu diesem Zeitpunkt bereits gotterfüllt[88].
Der Weg zum Seienden wird bei Philo oft als Aufstieg
beschrieben. In uns Menschen ist Sinnliches und Unkörperliches vermischt; der bessere Teil von uns schwingt sich
empor in jene Region, welche jenseits des Äthers und über
dem Himmel und allen sinnlich wahrnehmbaren Dingen
liegt[89]. Es gibt wahrhaft Edle, Tugendliebende, die schreiben das Schöne in der Schöpfung nicht sich, sondern göttlichen Gnaden zu. Sie entfliehen dem tückischen, mit Leidenschaften und Bosheiten vermengten Leben. Weil sie
Gott gefallen, hat er sie aus sterblichen in unsterbliche
Geschlechter versetzt. Von der Menge werden sie nicht
mehr gefunden (Gen. 5,24)[90]. Diese Versetzung ist ein sich
von der Welt separierender Aufstieg. Wenn der Geist der
Seele auch gegen ihren Willen das Nützliche gibt, wenn
er sich völlig von den niederen und sterblichen Dingen
trennt und emporsteigt, wenn er sich mit den Lehren über

---

[84] som II 250.   [85] Quaest in Ex I 9.
[86] som II 251.   [87] Quaest in Ex II 43.
[88] sacr AC 10.   [89] Quaest in Gen IV 138.
[90] poster C 42; 43.

die Welt und den Weltinhalt beschäftigt, wenn er noch
höher steigt und in unsäglichem Wissensdrang das Göttliche und seine Natur erforscht, dann kann er bei seinen
anfänglichen Grundsätzen nicht bleiben; sondern besser
werdend, sucht er eine bessere Bleibe[91]. Der Geist, der
Lenker der Seele, das Ebenbild Gottes, erhebt sich in die
Sternenregion, er verläßt das sinnlich wahrnehmbare Sein
und strebt nach dem geistigen Sein. Dort sieht er die Ur-
bilder, die Ideen der sinnlichen Welt und ihre überragende
Schönheit. Er wird von einem anderen Verlangen und
einer besseren Sehnsucht erfüllt, er wird bis zu dem höchsten Gipfel der geistigen Welt herangebracht und meint,
zum Großkönig selber zu gelangen[92]. Der Geist kann sich
in Begleitung des vollkommenen Erkennens befinden[93].
Er gelangt dann in eine beträchtliche Höhe und zieht jeden
Seelenteil, der unten in sterblichen Dingen weilt, nach sich.
An ihn ergeht die göttliche Weisung: steige empor, Seele,
zur Schau des Seienden, mit Einsicht, mit Freiwilligkeit,
ohne Furcht, voller Liebe! Für die zur Schau des Seienden
aufsteigende Seele besteht nämlich Anlaß zur Furcht:
große Fehler, auf Grund ihrer Unwissenheit und ihres zu
starken Wagemutes, drohen ihr. Gott muß die Seele begleiten; sonst wäre es für sie besser, hier zu bleiben und
im sterblichen Leben, wie die meisten Menschen, umherzu-
irren, als übermäßig sich zum Himmel zu erheben und
dann hinabzusinken[94]. Diejenige Seele, die im Dünkel auf-
steigt, steigt ab; ihr wirklicher Aufstieg, ihre wirkliche

---

[91] leg all III 84.   [92] op mund 69–71.
[93] migr Abr 166.   [94] migr Abr 168–171.

Erhöhung, liegt im Schwinden der Prahlerei[95]. Wenn der Gott Nachfolgende zum Gipfel der Weisheit gelangt ist, kann er mit seinem früheren Führer, dem Logos, Schritt halten. Beide werden auf diese Weise Weggenossen des allführenden Gottes sein; keiner der Andersdenkenden ist mehr in ihrer Nachfolge[96]. Die gotterfüllte prophetische Vernunft hat nichts mehr mit der Zweiheit zu tun, sondern sie ist in die Einheit aufgelöst. So besitzt sie eine Art familiärer Beziehung zu Gott, hat alle sterblichen Bedingungen hinter sich gelassen und hat sich in das Göttliche verwandelt, sie ist mit Gott und dem wahrhaft Göttlichen verwandt geworden[97]. Eine heilige Seele wird durch den Aufstieg zu Gott göttlich. Der Aufstieg geschieht nicht in die Luft oder in den Äther oder in den Himmel, sondern über die Himmel[98]. Diejenigen, welche die Frömmigkeit gekostet haben, besitzen die Denkungsart, aufwärts zu blicken und aufwärts zu schreiten. Diese Denkungsart weilt immer in der Höhe und durchforscht die göttlichen Schönheiten; sie hält das Irdische für Spott und kindisches Spiel, jenes Streben aber für wirklichen Ernst[99]. Die von der unkörperlichen Quelle Trinkenden haben Flügel bekommen und sind von einem himmlischen Verlangen emporgetragen; sie umfliegen den Vater, der in Wirklichkeit alle Dinge zur Errettung aller mit seinen Kräften erfüllt[100]. Wem es gelang, nicht bloß die Dinge in der Natur verstehend zu begreifen, sondern auch den Vater und Schöpfer des Alls zu sehen, der ist bis zu der äußersten Grenze der

---

[95] Quaest in Gen IV 100.

[96] migr Abr 175.

[97] Quaest in Ex II 29.

[98] Quaest in Ex II 40.

[99] vit Mos I 190.

[100] Quaest in Gen IV 130.

Glückseligkeit vorgedrungen. Er soll aber um Dauer und
Beständigkeit des Zustandes bitten. Denn hinauf geht es
mühsam und langsam; hinab stürzt man leicht, vieles reißt
nach unten. Aber Gott zieht die Seele mit mächtigem
Schwunge hinauf und zu sich heran [101].

Der Aufstieg der Seele ist ein rauschhaftes Widerfahrnis.
Wenn die Seele die überragende Schönheit der Ideen
schaut, gerät sie in eine nüchterne Trunkenheit [102]. Von der
Gnade erfüllt, freut sie sich bacchantisch. Auch der Körper
glüht, von Starrheit befreit. Aber diese Trunkenheit ist eine
nüchterne. So gelten die Nüchternen zu Unrecht als trun-
ken. In gewisser Weise sind sie es freilich: sie haben alle
Güter wie ungemischten Wein getrunken, die vollkommene Tugend hat ihnen zugetrunken; nun ist die Seele,
mit Gottes Gnaden gefüllt, völlig freimütig [103]. Der von
ungemischter Nüchternheit völlig erfüllte Sinn wird ganz
und gar zu einem Trankopfer und bringt sich Gott dar;
er weiht die Seele in ganzem Umfang, löst all ihre früheren Fesseln eitler Bestrebungen und sterblichen Lebens, er
führt die Seele hinaus und dehnt und gießt sie soweit aus,
daß sie die Grenzen des Alls berührt und sich zu der wun-
derschönen und rühmlichen Schau des Alls drängt [104].

Die Seele erfährt das Seiende als Licht. Wenn das gott-
ähnlichste und unkörperliche Licht in der Seele verweilt,
geben wir das als Pfand genommene Wort zurück. Der
Mensch empfängt dann den ihm angemessenen Besitz, er
kann die Schande des Lebens verhüllen, die göttliche

---

[101] Abr 58; 59.   [102] op mund 71.
[103] ebr 146–149.   [104] ebr 152.

Gabe genießen und in Sicherheit der Ruhe pflegen[105]. Er wird nicht nur von den Abbildern, den unsterblichen Logoi, sondern von den urbildlichen und unkörperlichen Strahlen der Vernunftquelle des alles vollendenden Gottes umglänzt[106].

Der Weg zum Seienden kann, statt als Aufstieg, auch als Herausgehen beschrieben werden; schon oben[107] klang das an. Der Geist, der herausgeführt und in Freiheit gesetzt werden soll, muß aus allen Dingen herausgehen: aus körperlichen Bedürfnissen, sinnlichen Organen, sophistischen Aufzählungen, wahrscheinlichen Vermutungen, schließlich auch aus sich selber. Nicht derjenige, der im Körper und im menschlichen Geschlecht wohnt, kann mit Gott zusammen sein, sondern derjenige, den Gott aus dem Gefängnis rettet. Daher verläßt Isaak sich selbst und den eigenen Geist; daher geht Moses heraus aus der Stadt, d. h. aus seiner Seele. Wenn die Seele vergottet wird, hören die Stimmen der Sinneswahrnehmungen auf; das ist der Zeitpunkt, da der Geist aus der Stadt der Seele herausgeht und seine Taten und Gedanken auf Gott richtet[108]. Wenn der Geist Gott sucht, muß er aus sich herausgehen. Unter dem Gewicht des Körpers und den Vermutungen des Verstandes sucht der Geist Gott nicht wirklich; er redet es sich nur ein[109]. Darum sind die Leviten, Proselyten, Waisen und Witwen teils Bittflehende, teils Auswanderer und Flüchtlinge aus der Schöpfung. Sie haben Gott als den rechten

---

[105] som I 113.   [106] som I 115.
[107] S. 75.   [108] leg all III 41–44.
[109] leg all III 47.

Gatten und Vater der dienstfertigen Seele sich zu eigen gemacht[110].

Der Weg zum Seienden führt aus dem Schlaf in das
Wachen. Wo Gott gnädig sein Erscheinen gewährt, muß
der Mensch alles Sinnliche aus sich entfernen. Wer sich in
angemessener Weise weihen läßt und sich Gott hingibt,
wer ein lebendiger Altar des Vaters wird, der gelangt aus
dem Schlafe zum Erwachen und wird fähig, Gott zu sehen.
Aber dafür muß er seine Seele zu einem Heiligtum und
Gottesaltar machen[111]. Das „siehe" (in Ex. 25,40) ruft
dazu auf, das Sehvermögen der Seele ohne Schlaf und
immer wachend festzuhalten, damit man unsichtbare Formen sehen kann; beim Sehen von sinnlich wahrnehmbaren
Dingen wäre das „siehe" überflüssig[112].

Der Weg zum Seienden führt in den Tod. Der Tod ist
das höchst gesegnete Leben der Seele, denn die Seele lebt
ein unkörperliches Leben aus dem Eigenen[113]. Der Tag
eines Schutzflehenden, eines jeden Weisen, ist gleichwertig
der Ewigkeit[114]. Darum ist der Weg zum Seienden gekennzeichnet durch die Sehnsucht. Wenn die Seele mit
Gott vertraut geworden ist und Gott geht weg, so folgt sie
ihm mit Sehnen und hat ein himmlisches Verlangen, welches sich eng anschmiegt und anhängt[115]. Auch der nur
eintägige Aufenthalt in der Fremde ist für sie eine lange
Zeit[116].

---

[110] som II 273.
[112] Quaest in Ex II 82.
[114] Quaest in Ex II 20.
[116] Quaest in Gen IV 187.
[111] Quaest in Ex II 51.
[113] Quaest in Gen IV 152.
[115] Quaest in Gen IV 20.

Erreicht diese Sehnsucht nun ihr Ziel? Der in nüchterner Trunkenheit Aufsteigende meint bereits, zum Großkönig selber, zur Gottheit, heranzutreten. Wenn er dann aber zu schauen begehrt, überströmen ihn Strahlen reinsten Lichtes wie ein Gießbach, und sein Geistesauge wird geblendet [117]. In ihrem Verlangen nach Gottesschau darf die Seele nicht zu nahe herantreten, sonst wird sie von einem zu nahen Feuer verbrannt. Bleibt man aber in einem hinreichenden Abstand, so wärmt und belebt das Feuer [118]. Schließlich bedeutet Sinai unzugänglich; selbst die heiligste Gesinnung vermag nicht, sich ihm zu nähern und ihn zu berühren [119]. Ob man Gott findet, ist unsicher; vielen hat er sich nicht offenbart, ihr Streben erreichte das Ziel nicht völlig; aber auch jenes Suchen, welches Suchen bleibt und das Ziel nicht erreicht, bringt dem Suchenden Güter und Freude ein [120]. Der jenseitige Gott bleibt für den Menschen letztlich ungreifbar.

---

[117] op mund 71.
[118] Quaest in Ex II 28.
[119] Quaest in Ex II 45.
[120] leg all III 47.

9. DER GLAUBE

Dieses Übergewicht der Gottheit über alles Gewordene verleiht dem philonischen Glaubensbegriff die entscheidende Formung. Wem könnte der Mensch sein Vertrauen schenken? Etwa dem, was er denkend berechnen kann? Beim Arzt z. B. oder beim Bauern zeigt sich: die Berechnungen werden durch die Wirklichkeit oft widerlegt. Das Beste ist es darum, Gott und nicht undeutlichen Berechnungen und ungewissen Vermutungen zu vertrauen. Wer sich auf Berechnungen und Vermutungen verläßt, erbaut die Stadt des die Wirklichkeit zerstörenden Geistes. Es ergeht ihm wie einem Menschen, der nach einem Traum erwacht: es erweist sich, daß der Traum an der Wirklichkeit nicht teilhat. Gott zu vertrauen ist eine wahre Lehre; auf leere Berechnungen sich zu verlassen, ist Trug[1]. Denn die Denkkraft ermattet. Man muß also über alles Nichtkörperliche hinwegschauen und hinwegschreiten und mit starker Einsicht und mit unbeugsamem, ganz festem Glauben in Gott Stütze und Halt finden[2]. Gott *oder* die Berechnung, so lautet die Alternative dort, wo der Mensch sein Vertrauen verschenkt.

Wie steht es denn mit den Sinneswahrnehmungen? Gewöhnlich vertraut der Mensch darauf, daß die Sinneswahr-

---

[1] leg all III 226–229.   [2] praem poen 28–30.

nehmungen die wahrnehmbare Außenwelt erfassen können. Er geht dabei von der Voraussetzung aus, alles Wahrnehmbare sei sein Besitz. Dabei besitzt der Mensch nicht
einmal sich selber, ja er kennt nicht einmal sich selber seinem Wesen nach. Alles Wahrnehmbare ist vielmehr Gottes
Besitz. So muß der Mensch, der die Sinneswahrnehmung
für verläßlich hält, gegen verkehrtes Sehen und Hören
wie gegen Fehler bei den anderen Sinnestätigkeiten un-
geschützt bleiben[3]. Die sinnliche Wahrnehmung unterliegt
der Täuschung. Darum muß man nicht nur über alles
Nichtkörperliche, sondern auch über alle Körper hinwegschauen und hinwegschreiten und mit starker Einsicht und
mit unbeugsamem, ganz festem Glauben in Gott Stütze
und Halt finden[4]. Joseph unterschied zwischen sterblichen
und unvergänglichen Seelenteilen[5]. Das Verbot, vor die
Tür zu gehen (Ex. 12,22), meint, man solle sich nicht auf
die sinnliche Wahrnehmung verlassen[6]. Die Israeliten
kümmern sich nicht um Vogelzeichen und sonstige Wahr-
sagekünste; sie trauen dem Einen, dem Lenker der Welt[7].
Die chaldäisch Denkenden trauen dem Himmel; Abraham,
der sich von diesem Denken getrennt hat, traut dem Beherrscher des Himmels und dem Lenker der ganzen Welt[8].
Freilich muß in solch einem Falle der Lernende dem Leh-
renden glauben hinsichtlich der Dinge, die dieser ihn lehrt;
jemand, der nicht Vertrauen hat, kann unmöglich erzogen
werden[9]. Gott *oder* die Sinneswahrnehmung, so lautet

---

[3] cher 65.   [4] praem poen 28–30.
[5] migr Abr 18.   [6] Quaest in Ex I 22.
[7] vit Mos I 284.   [8] rer div her 99.
[9] praem poen 49.

also des weiteren die Alternative dort, wo der Mensch sein Vertrauen schenkt.

Die Unverläßlichkeit der Sinneswahrnehmung hängt zusammen mit der Unverläßlichkeit der Sinnenwelt. Nachdem Abraham die Verheißung verstanden hatte, empfand er beides, Glauben an Gott und Unglauben gegenüber dem Gewordenen[10]. Wer Gott wirklich vertraut, hat die Unglaubwürdigkeit begriffen, die den gewordenen und vergänglichen Dingen innewohnt[11]. Das vorher festgestellte „Gott allein"[12] wiederholt sich also auch auf dem Gebiet des Glaubens. Am Beispiel Abrahams lernt man: der Glaubende muß auf Gott allein vertrauen. Unsere Verflochtenheit mit dem Sterblichen aber verleitet uns, auf Geld, Ruhm, Herrschaft, Freunde, Gesundheit, Körperkraft und viele andere Dinge unser Vertrauen zu setzen. Dem unglaubwürdigen Geschaffenen das Vertrauen zu versagen und Gott allein, der allein vertrauenswürdig ist, Glauben zu schenken, ist das Werk einer großen olympischen Vernunft, die sich nicht mehr von den uns zur Verfügung stehenden Dingen ködern läßt. Nichts ist so gerecht wie die Betätigung eines reinen ungemischten Glaubens an Gott allein[13]. Wer den körperlichen und äußeren Dingen vertraut, hegt Mißtrauen gegen Gott; wer jenen Dingen mißtraut, hat sein Vertrauen auf Gott gesetzt[14]. Wer auf Macht, Ruhm, Ehre und Reichtum vertraut, vertraut auf etwas Unsicheres. Wer auf edle Abstammung vertraut, vertraut auf das Verdienst der Vorfahren und nicht auf

---

[10] mut nom 201.
[11] praem poen 28.
[12] Vgl. oben S. 40 f.
[13] rer div her 92–94.
[14] Abr 269.

etwas Eigenes. Wer auf körperliche Vorzüge vertraut, ist
darin u. U. sogar den Tieren unterlegen. Nur das Vertrauen auf Gott ist ein trugloses und sicheres Gut[15]. Joseph
ließ die sterblichen Dinge, körperliche Lüste und andere
maßlose Leidenschaften, in Ägypten zurück, verfügte aber
vertraglich für die unvergänglichen Dinge ihre Mithinauf-
nahme in die Städte der Tugend[16]. Nur selten mildert
dies strenge Entweder-oder sich bei Philo zu einem graduellen Unterschied ab: Abraham glaubte keinem der gewordenen Dinge mehr als dem Ungewordenen und dem
Allvater[17]. Die Alternative „Gott *oder* die Sinnenwelt"
weist den Glauben von der Gegenwart fort in die Zukunft.
Wer das Nichtgegenwärtige in nicht zweifelnder Hoffnung
im Blick auf die Verläßlichkeit des Versprechenden als
gegenwärtig nimmt, der hat den Glauben, das vollkommene Gut, als Kampfpreis gefunden[18]. Freilich blickt diese
Hoffnung nicht in eine innerweltlich-zeitliche Zukunft. Es
ist eine Besonderheit Gottes, nur das zu sagen, was auf
alle Fälle eintreten wird; das aber ist die Rückkehr der
Seele in ihre himmlische Mutterstadt[19].

Damit stehen wir bei der Begründung des Glaubens,
bei der Verläßlichkeit des Versprechenden. Was die Dinge
betrifft, die Gott verspricht, so ziemt sich für die Menschen ein ganz fester Glaube an sie[20]. Man muß Gott vertrauen, wenn er etwas Schönes verspricht[21]. Die Seele
stützt sich dabei machtvoll auf den Urheber des Alls, der

---

[15] Abr 263–268.   [16] migr Abr 18.
[17] virt 218.   [18] migr Abr 44.
[19] som I 181.   [20] Abr 275.
[21] leg all III 218.

alles vermag und das Beste will[22]. Derjenige, der es versprochen hat – sagt Sarah – ist mein Herr, er ist älter (Gen. 18,12 griechisch) als alles Geschaffene, ihm muß man vertrauen[23]. Der Versprechende ist verläßlich[24]. Gottes Zusage ist lauter, nicht mit Verneinung gemischt[25]. Auch hier kann das strenge Entweder-oder sich zu einer graduellen Abstufung mildern. Der Bund Gottes ist ausschließlich zuverlässig, und diejenigen Dinge, die Menschen in Testamenten aufschreiben, sind bleibend und sicher in sich selber und gleichen dem Bund, der mit der Lade im Allerheiligsten verknüpft ist. Aber die Sicherheit menschlicher Testamente ist geringer wegen ihrer materiellen und veränderlichen Natur[26]. Menschen, denen man nicht glaubt, erstreben Glaubwürdigkeit durch den Eid. Gott ist glaubwürdig, auch wenn er nur *spricht,* also auch ohne Eid. Seine Worte unterscheiden sich wegen ihrer Verläßlichkeit nicht von Eiden[27].

Gottes Verläßlichkeit bringt es mit sich, daß der Glaube nicht zu zweifeln braucht. Schwankende und mit festem Glauben Erfüllte stehen einander gegenüber[28]. Der Glaube des Menschen ist nicht zwiespältig, sondern ohne Zweifel, gepaart mit Ehrfurcht und Scheu[29]. Abraham war fest geworden durch eine unentwegte und unbeugsame Glaubensüberzeugung; denn demjenigen, der Glauben an Gott hat, ist alle Ungewißheit fremd[30]. Moses bittet um Gottes

---

[22] Abr 268.
[23] mut nom 166.
[24] migr Abr 44.
[25] Quaest in Gen III 58.
[26] Quaest in Ex II 106.
[27] sacr AC 93.
[28] plant 70.
[29] Quaest in Gen III 58.
[30] Quaest in Gen IV 17.

Selbstoffenbarung, weil er für unsicheres Schwanken sicher-
sten Glauben eintauschen möchte[31]. Der Weise soll den
Zweifel und das Schwanken, die Beschaffenheiten einer
unfesten Seele, ablegen und die ganz starke und feste Beschaffenheit, den Glauben, anziehen[32].

Wo die von Philo benutzten alttestamentlichen Texte
den Glauben dennoch in die Nähe des Zweifels rücken, da
wird diese Nähe von Philo verharmlost. Abraham traut
dem früher gegebenen Versprechen Gottes; aber er bittet
auch um ein sinnenfälliges Zeichen[33]. Abraham glaubt gemäß den göttlichen Versprechungen, daß er der Erbe der
Weisheit sein werde; er zweifelt nicht eigentlich, er fragt
nur, auf welche Weise er der Erbe werden würde[34]. Er
zweifelte nur während der ganz kurzen Spanne eines Ge-
dankens; das ist unvermeidlich, denn die Treue des Menschen mit seiner gemischten Natur ist geringer als die vollkommene Treue des Seienden[35]. Die Diastase zwischen
Gott und Welt verhindert ein sozusagen hundertprozen-
tiges Glauben; was Gott schenken kann, vermag der
Mensch nicht so leicht anzunehmen[36].

Darum ist der Glaube nichts Selbstverständliches[37]. Er
ist nicht leicht[38]. Vertrauen haben zu Gott, das läßt sich
ganz leicht aussprechen; es aber mit der Tat zu beweisen,
ist eine sehr große Sache[39]. Der Glaube ist mithin die vollkommenste Tugend[40], die sicherste der Tugenden[41], ja,

---

[31] poster C 13.
[32] conf ling 31.
[33] Quaest in Gen III 2.
[34] rer div her 101.
[35] mut nom 177–186.
[36] mut nom 218.
[37] rer div her 90; 91.
[38] rer div her 92.
[39] Abr 262.
[40] rer div her 91.
[41] virt 216.

die Königin der Tugenden [42]. Er ist eine wahrhaft gerechte
Sache [43]. Abraham wird wegen seines Vertrauens auf Gott
gelobt [44]; ja, Gott bewundert an Abraham das Vertrauen,
das der zu ihm hat [45]. Wieder wird hier deutlich, was schon
bisher sich zeigte und was in einem späteren Zusammen-
hang [46] noch ausdrücklicher zur Sprache kommen soll: die
starke Entgegenstellung, die zwischen Gottheit und Welt
statthat, schwächt nicht das Leistungsdenken, sie fördert
es eher.

Der Glaube an Gott ist eine sehr hilfreiche Sache. Der
Gegensatz zwischen dem Vertrauen auf die Sinnenwelt
und dem Vertrauen auf Gott kann auch, wie folgt, beschrieben werden: wer seine Seele den Weg der körperlichen und der äußerlichen Dinge führt, der gewöhnt sie an
das Fallen; wer mittels der Tugendlehren zu Gott hineilt,
führt die Seele einen geraden und sicheren Weg ohne
Straucheln [47]. Wer Einsicht, Weisheit und Gottvertrauen
liebt, kann mit Recht der Ältere und der Erste heißen [48].
Gott gibt dem Abraham das Vertrauen zurück und bekräf-
tigt ihm eidlich die versprochenen Gaben. Gott leistet dem
Abraham einen Eid, damit der Sinn, ungebeugt und fest,
noch mehr als früher zur Ruhe käme [49]. Der Edle betätigt
einen solchen Freimut, daß er aus aufrichtigem Vertrauen
und edler Erregung Gott Vorwürfe zu machen wagt [50]. So
enthält der Glaube den Trost des Lebens, die Erfüllung

---

[42] Abr 270. [43] rer div her 94.
[44] rer div her 90. [45] Abr 273.
[46] Vgl. oben S. 58–61; unten S. 95–107.
[47] Abr 269. [48] Abr 271.
[49] Abr 273. [50] rer div her 19.

guter Hoffnungen, die Unfruchtbarkeit für das Böse, das
Hervorbringen des Guten, die Absage an das Unglücklich-
sein, die Erkenntnis der Frömmigkeit, den Anteil am
Glück und die Besserung der Seele in jeder Hinsicht[51].

Der Glaube, als eine hilfreiche Tugend, gerät so in eine
ausgesprochene Nähe zur Weisheit. Er richtet sich auf die
Gewinnung der Weisheit. Es gibt Leute, die auf den göttlichen Eros zur Weisheit vertrauen[52]. Abraham glaubt
gemäß den göttlichen Versprechungen, daß er der Erbe der
Weisheit sein werde[53]. Joseph glaubte, Gott werde sich
des zum Schauen geborenen Geschlechtes annehmen und es
nicht völlig der Torheit ausliefern[54]. Darum kann Glaube
und Weisheit sozusagen in Einem Atemzuge genannt werden. Wer Einsicht, Weisheit und Gottvertrauen liebt, kann
mit Recht der Ältere und der Erste heißen[55]. Der Weise
soll den Zweifel und das Schwanken, die Beschaffenheiten
einer unfesten Seele, ablegen und die ganz starke und feste
Beschaffenheit, den Glauben, anziehen[56]. Überzeugende
Weisheit ist nicht das Finden von Worten, sondern das
ganz verläßliche Vertrauen auf Tatsachen[57]. Wo Weisheit
fehlt, fehlt Glaube. Jeder Erbauer der Lust ist unfruchtbar
an Weisheit, er kann die der Unvergänglichkeit dienenden
Samen weder geben noch empfangen; ihm ist der Glaube
ausgeschnitten, er kann die ihm übergebenen lebenfördern-
den Lehren nicht bewahren[58]. Verwirrter Glaube steht der
Weisheit entgegen: das Gelächter Isaak im Menschen wird

---

[51] Abr 268.
[52] rer div her 14.
[53] rer div her 101.
[54] migr Abr 18.
[55] Abr 271.
[56] conf ling 31.
[57] migr Abr 171.
[58] ebr 212; 213.

nicht bewacht von verwirrten und überstürzten Glaubens-
gedanken; sondern mit festen Schritten und mit Füßen
macht es Gebrauch von der Weisheit[59]. Kurz: Glaube und
Weisheit gehören zuhauf.

Philo hat den Begriff des Glaubens natürlich in seinem
griechischen Alten Testament gefunden. Hat er ihn von
dort her gefüllt? Auf Grund der Schriftbeweise möchte
man zunächst auf diesen Gedanken kommen. Aber die
Schriftbeweise verfahren bei Philo bekanntlich weithin
allegorisch; sie legen in den Glauben etwas Unalttesta-
mentliches ein. Man kann das auch daran erkennen, daß
der Inhalt des Glaubens bei Philo keineswegs unlösbar mit
dem Terminus und Begriff „glauben" verbunden ist.
Darum will ich im folgenden kurz darlegen: was der
Glaube leistet, leistet auch die Weisheit. Sodann werde
ich breiter ausführen: was der Glaube leistet, leistet auch
die Weltfeindschaft. In all den folgenden Beispieltexten
kann darum die Terminologie des Glaubens fehlen; die
bisher von uns ins Auge gefaßten Verhaltensweisen des
Glaubens sind in diesen folgenden Texten aber gleichwohl
zur Stelle. Glaube und Weisheit, vor allem Glaube und
Weltfeindschaft sind austauschbare Größen. Philo redet
vom Glauben nicht ohne Weltfeindschaft; er kann aber
von der Weltfeindschaft ohne Erwähnung des Glaubens
reden. Die Weltfeindschaft ist das Übergeordnete, das Fül-
lende; die Ableitung des Glaubensinhaltes aus dem Alten
Testament für Philo muß mißglücken.

Weisheit macht fest (wie der Glaube): das Logeion (Ex.
28,16) des Hohenpriesters ist quadratisch, weil der Logos

---

[59] Quaest in Gen IV 138.

in jeder Hinsicht fest und unbeweglich sein und nicht
schwanken soll, weder in Gedanken noch in Äußerungen
durch Zunge und Mund[60]. Weisheit ist hilfreich (wie der
Glaube): der gute Mann und der Tor stehen einander
gegenüber, der gute Mann ist also als Weiser gedacht.
Dabei ist letzterer ein Herrscher, ein Herr und reich, der
Tor ist arm und ein Sklave und Bettler[61]. Der Glaube ist
ersetzbar durch die Weisheit.

Zahlreich sind jene Texte, die die Ersetzbarkeit des
Glaubensbegriffs durch die Weltfeindschaft dadurch dartun, daß sie die Denkstrukturen, die auch bei der Beschreibung des Glaubens verwendet werden, nun ohne die Terminologie des Glaubens bringen. Der Leser wolle das mittels vergleichenden Rückgreifens auf die bisher dargestell-
ten Inhalte dieses Kapitels kontrollieren.

Gottheit und Welt sind unterschieden. Die Lilie zeugt
von dem Unterschied zwischen dem Menschlichen und dem
Göttlichen, zwischen profanen befleckten und heiligen
Opfern, zwischen unvollkommen und vollkommen[62]. Der
Unterschied kann graduell gefaßt werden: der Himmel
und himmlische Dinge sind der Erde und irdischen Dingen
überlegen[63]. Es kann aber auch zu einem Entweder-oder
kommen. Die Dinge unter dem Himmel sind wechselhaft
und veränderlich; der Himmel allein ist unveränderlich, er
besteht durch sich selbst und ist sich selbst gleich[64]. Wo die
Gesundheit aus dem Körper weicht, da ergreift ihn mit
Notwendigkeit die Krankheit. Wo die gottgemäße Fröm-

---

[60] Quaest in Ex II 111.   [61] Quaest in Gen IV 230.
[62] Quaest in Ex II 76.   [63] Quaest in Gen IV 215.
[64] Quaest in Ex II 83.

migkeit, die Kraft der Seele, weicht, da treten mit Notwendigkeit Schwäche und Gottlosigkeit ein, und zwar total[65]. Gut und schlecht, gerecht und ungerecht, gemäßigt und ungemäßigt, himmlisch und irdisch, des himmlischen Lichtes würdig und finsternisgleich sind unvereinbare Gegensätze[66]. Körperliche und äußere Dinge sind eintägige, vergängliche und unsichere Besitztümer; nur die Dauerhaftigkeit macht glücklich[67]. Wir sind bekleidet mit einem toten Körper. Wir sollten ihn begraben und unseren Leidenschaften nicht das Wiederaufleben erlauben[68]. Die Seele des weisen und tugendhaften Mannes trägt den Körper an sich wie etwas Unbelebtes und Schweres, wie einen Leichnam[69]. Die weise Seele, beheimatet im Himmel, im Körper nur Gast, hat nicht Umgang mit irgend welchen eitlen und leeren Dingen; der leitende und herrschende Geist vereinigt und vermischt sich nicht mit irgend etwas anderem[70]. Die Seele des weisen Mannes soll im Körper nur Beisasse sein. Denn der Körper ist das sinnlich Wahrnehmbare und Irdische. So soll die Seele an die Mutterstadt denken, in die zurückzukehren und wo zu wohnen sie strebt. Diese Stadt ist die Tugend[71]. „Fremde" heißen die zur Wahrheit Übergehenden, „Fremde" auch die Israeliten in Ägypten; die letzteren im Blick auf das Land, die ersteren in bezug auf die Gesetze und Bräuche[72]. Der in den Körper und die Flamme der Lust herabgekommene Geist darf manchmal seine Schwingen entfalten und von dem

---

[65] Quaest in Ex I 21.
[66] Quaest in Gen IV 157.
[67] Quaest in Gen IV 134.
[68] Quaest in Gen IV 78.
[69] Quaest in Gen IV 77.
[70] Quaest in Gen IV 74.
[71] Quaest in Gen IV 178.
[72] Quaest in Ex II 2.

Anblick des Himmels kosten[73]. Der Geist, der den höheren
Weg einschlägt, verläßt die irdischen niederen Dinge und
beobachtet, was in der Luft, im Äther und im ganzen
Himmel ist. Das Streben nach niederen Dingen ist Tod[74].
Die Abwendung von den irdischen, sinnlich wahrnehmbaren Dingen schließt eine asketische Grundhaltung ein;
denn die Sinneswahrnehmung ist Anfang und Quelle der
Leidenschaft[75]. Gott steht gegen die Sinnlichkeit. Gen.
23,2.3 warnt vor Sünden, die dadurch entstehen, daß man
sich, anders als Abraham, auf die äußeren Dinge zu sehr
einläßt; man soll seinen Standort in der unbeweglichen
und festen Gesinnung nehmen[76]. Esau trat seine Erstgeburt
nicht um eines beliebigen Kochgerichtes willen ab, sondern
weil er sich zu einem Sklaven der Lüste des Bauches gemacht hatte; er strebte nie nach Selbstbeherrschung[77]. Esau
beweist Hunger nach Weisheit und Klugheit und doch
Mangel an aller Tugend. Denn er jagt dem Schwanken der
Leidenschaft nach und bewertet sie nicht geringer als die
Tugend[78]. Esau, der Elende, hat sein Geburtsrecht für ein
kleines sinnliches Vergnügen verkauft[79]. Der Esausegen
(Gen. 27,39) gilt einem Manne, der irdische über himmlische Dinge stellt[80]. Esau ist feindlich, ein Hasser der
Tugend auf pfadlosem Wege, disziplinlos, wild, bestimmt
durch Zorn, Begierde, Unrechttun und List[81]. Er fügt zur
Sünde die Sünde, ohne von der ersten absolviert zu sein;

---

[73] Quaest in Gen IV 234.
[75] Quaest in Gen III 41.
[77] Quaest in Gen IV 168.
[79] Quaest in Gen IV 224.
[81] Quaest in Gen IV 242.

[74] Quaest in Gen IV 46.
[76] Quaest in Gen IV 73.
[78] Quaest in Gen IV 170.
[80] Quaest in Gen IV 234.

er ist schamlos. Sein Verhalten ist nicht zufällig, sondern typisch. Seine Lage ist nicht besserungsfähig. Die von ihm geheiratete Mahalath weist auf das sinnliche Vergnügen hin[82]. Die Kinder Israel ziehen, angesichts des Berichtes der Kundschafter, das leicht in die Ohren Eingehende dem Nutzen, den Betrug der Wahrheit vor[83]. Die leichtfertigen und in Frömmigkeit unfesten Israeliten murren wegen des Durstes als wegen eines langsamen Todes[84]. Die sich selbst liebenden Seelen ehren ihre Gesinnung als Gatten und Vater, der ihnen die Sinnenwelt erschließt; die von Selbstliebe Freien und zu Gott Strebenden empfangen von Gott als Vater Heimsuchung und Fürsorge, von Gott als Gatten gute Gedanken und Absichten und Worte und Taten[85]. Der Enthaltsame hält anstrengende Arbeiten für wertvoller und nicht nur für nützlicher als die Sinnenfreude[86]. Der philosophische Charakter fürchtet, die himmlische und immer jungfräuliche Einstellung könnte verlassen werden, wo man mehr mit irdischen als mit himmlischen Dingen zusammenlebt[87]. Darum ist das Ja zur Sinneswahrnehmung und zu sichtbaren Dingen verboten[88]. Der göttliche Logos ist zusammen mit der Seele als Arzt für den Körper des tugendhaften Mannes eingesetzt; er beschneidet die sinnlichen Antriebe[89]. Nichts kämpft so stark gegen ein anderes Ding wie die Weisheit gegen sinnliches Vergnügen, und umgekehrt das Schandbare gegen das Beste[90]. Der Leib belädt sich wie der Esel (Ex. 23,5) aus

---

[82] Quaest in Gen IV 245.　　[83] vit Mos I 235.
[84] vit Mos I 183.　　[85] Quaest in Ex II 3.
[86] Quaest in Gen IV 210.　　[87] Quaest in Gen IV 242.
[88] Quaest in Gen IV 52.　　[89] Quaest in Gen III 51.
[90] Quaest in Gen IV 41.

Sinnlichkeit mit schwerem Gepäck; der Weise muß diese
Schwere erleichtern durch asketische Tugenden [91]. Das
Logeion des Hohenpriesters meint die Vernunft, die beim
Betreten des Heiligtums, des Ortes von Frömmigkeit und
Heiligkeit und jeder Tugend, die Kontrolle ausübt; dort
erwirbt die Gesinnung vollkommene Vernunft, die die
Leidenschaften, besonders den Zorn, zurückdrängt [92]. Der
Tor gibt innere seelische Dinge, die geduldige Selbstprü-
fung, auf zugunsten äußerer sinnlicher Dinge, zugunsten
ungezügelter Lust [93]. Dem Weisen sind als einem Herrscher alle irdischen und körperlichen Dinge zu Diensten;
er bezieht aus ihnen nicht die Vorteile der Leidenschaften,
sondern er leitet, statt geleitet zu werden [94]. Die ganze
asketische Distanz dieser dualistischen Ethik kommt exem-
plarisch zutage in der Aufzählung des allegorisierten Ge-
päcks, das Joseph aus Ägypten mitgenommen wissen will:
die Entfremdung von der Lust; den beharrlichen Scharf-
sinn, der die unsicheren Vorstellungen eines auf Gaumen-
genuß gerichteten Lebens abweist; die Herrschaft über den
Körper; den Fortschritt von den Sinneswahrnehmungen
hin zum Denken, d. h. die Hebräer-Existenz; das lobens-
werte Sichheraushalten aus den Schlechtigkeiten der Umgebung; den Spott über die Maßlosigkeit von Begierden
und Leidenschaften; die Furcht vor Gott; die Absage an
leere Meinungen und an den Körper als Leichnam; die
Ableitung der Existenz des Weisen von Gott und nicht
vom Gewordenen; die Bekämpfung aller Liebhaber des

---

[91] Quaest in Ex II 12.   [92] Quaest in Ex II 115.
[93] Quaest in Gen IV 80.   [94] Quaest in Gen IV 182.

Körpers; die Herrschaft über Körperliches und Äußeres [95].
Die lustvolle Bejahung der sinnlichen Antriebe dagegen
bereitet Pein [96]. Esau, der durch Zorn und Begierde bestimmt wird, befindet sich auf pfadlosem Wege [97]; seine
Lage ist nicht besserungsfähig [98]. Das menschliche Leben ist
wie ein Meer voller Stürme. Nichts von den irdischen
Dingen steht fest; alles wird hierhin und dorthin geworfen
wie ein Schiff von widrigen Winden [99]. Die Seele, die im
Blick auf den Körper und seine Leidenschaften nicht be-
schnitten, gereinigt und geheiligt ist, wird vernichtet und
kann nicht gerettet werden [100]. Gerar (Gen. 26,6) als
„Hecke" meint den Körper und die äußerlichen, eitlen
Dinge. Wer da wohnt, ist ihnen unterworfen und wird
von ihnen betrogen. Wer sich dort nur als Beisasse aufhält,
hat die Hoffnung auf totale Freiheit, ist in den Zwangs-
lagen zufrieden und entschlüpft daher der „Hecke"
leicht [101]. Wer durch Weisheit und Frömmigkeit sich den
wahren Reichtum im Himmel asketisch erworben hat, der
besitzt in Fülle auch irdische Schätze [102]. So ist die Weltflucht etwas Hilfreiches. Die Ausschweifung, der die seelischen Leidenschaften aufstörende Esau, kann dem heite-
ren Geschlecht, dem Isaak, nicht nachrücken und kann den
tugendhaften Bruder nicht töten [103]. Körperliche und
äußerliche Dinge sind eintägige, vergängliche und un-

---

[95] migr Abr 19–22.   [96] Quaest in Gen III 51.
[97] Quaest in Gen IV 242.   [98] Quaest in Gen IV 245.
[99] Quaest in Ex II 55.   [100] Quaest in Gen III 52.
[101] Quaest in Gen IV 185.   [102] praem poen 104.
[103] Quaest in Gen IV 238; hier leistete mir mein hiesiger Kol-
lege Ehrhard Kamlah dankenswerte englische Sprachhilfe.

sichere Besitztümer; nur die Dauerhaftigkeit macht glücklich [104].

All diese den Gegensatz von Gottheit und Welt aussprechenden und zur Weltflucht rufenden Texte reden von keiner anderen Verhaltensweise, als sie auch in den vorher von mir gebrachten Aussagen über den Glauben beschrieben und gefordert wurde. Nur bemühen die zuletzt angeführten Texte dafür nicht die Terminologie des Glaubens. Damit ist aber erwiesen: der Dualismus von Gottheit und Welt und die in ihm begründete Asketik ist das Übergeordnete, die Glaubensterminologie das Sekundäre. Das Erstere füllt und bestimmt das Zweite.

---

[104] Quaest in Gen IV 134.

10. DIE TUGEND

Um diese unsere Einsicht in die zentrale Bedeutung des Dualismus sicherzustellen, bedarf es einer etwas eingehenderen Besinnung auf die Tugend bei Philo. Denn die Tugend als eine vom Menschen erwartete Voraussetzung scheint ja mit der eben dargelegten dualistischen Grundstruktur des Glaubens in Spannung zu stehen. Philo aber spricht doch sozusagen auf jeder Seite seines Schrifttums von der Unerläßlichkeit rechten Verhaltens. Was ist es also um die Tugend bei Philo?

Gott liebt die Tugend und beschenkt die nach Frömmigkeit Strebenden zum Nutzen ihrer Umgebung mit eigenständigen Vollmachten[1]. Gott ist Zeuge der Tugend; bei ihm zu bleiben ist gut und nützlich[2]. Abel wird in Gen. 4,4.5 als erster genannt, denn er liebt Güte und Tugend; Gott sieht zuerst nicht auf die Opfergaben, sondern auf die Wahrhaftigkeit der Seele[3]. Wenn Gott echte Tugend sieht, ehrt er sie und ist all denen gnädig, die durch frühere Sünden schuldig sind[4]. Er nimmt von der Zerstörung aus ein Hauswesen, das die Funken und Saatkörner der Tugend besitzt und dessen Glieder inmitten sinnlicher Vergnügungen und Leidenschaften zu Beisassen geworden sind[5]. Die

---

[1] virt 218.
[2] ebr 139.
[3] Quaest in Gen I 61.
[4] Quaest in Gen II 13.
[5] Quaest in Gen IV 42.

täglich für die Sündenvergebung geopferten Ziegen sind
Symbole der tugendhaften Seele, welche Vollendung
wünscht[6]. Gott hätte es vielleicht nicht für unter seiner
Würde gehalten, die Kenntnis himmlischer Dinge solchen
Seelen zu vermitteln, die sich in den Grundsätzen der Einsicht und der Tugend geübt und sich von allen Leidenschaften völlig gereinigt hätten[7]. Abraham bedient sich
der Lehrmeisterin Tugend auf dem Wege zur Vollkommenheit und empfängt als Kampfpreis den Glauben an
Gott[8]. Gerechtigkeit, Vollkommenheit und Wohlgefälligkeit vor Gott sind die größten Tugenden[9].

Das vom Menschen erwartete Wohlverhalten kann auch
andere Namen als den der Tugend tragen. Von Hochmut
und Schmeichelei wendet Gott sich ab[10]. Wer die Nichtigkeit des Menschen bedenkt, wird den tückischen Dünkel
abstreifen, er wird Gottes Wohlgefallen finden und die
gnädige Kraft dessen erwerben, der Hochmut haßt[11]. Tugend erscheint hier also als Demut. Das beste Opfer bringt
derjenige dar, der sich selber darbringt als die vollkommenste Befolgung edlen Wohlverhaltens[12]. Die ewig flie-
ßenden Quellen der Gnaden Gottes stehen nicht allen
offen, sondern nur den Flehenden, d. h. denjenigen, die
nach edlem Wohlverhalten streben, die nach Weisheit dür-
sten[13]. Jede Seele, die es nach sittlicher Tüchtigkeit verlangt, ist ein Trankopfer[14]. Gott hat der edlen Seele eine

---

[6] Quaest in Ex I 8.   [7] aet mund 2.
[8] praem poen 27.   [9] Quaest in Gen I 97.
[10] Quaest in Gen I 61.   [11] spec leg I 265.
[12] spec leg I 272.   [13] virt 79.
[14] Quaest in Ex II 71.

reichliche Fülle von Gütern geschenkt[15]. Durch rechtes
Verhalten gegen die Eltern, gegen Arme und Freunde,
gegen das Vaterland erwirbt der Mensch das Wohlgefallen
der Betroffenen und das Wohlgefallen Gottes[16]. Die löb-
lich Lebenden bereiten Gott Freude[17]. Einem edlen Mann
wurden die Gnaden gegeben[18]. Es kommt darauf an, ein
rechter und edler Mann zu werden[19].

Neben Demut und edlem Wohlverhalten stehen ähn-
liche, gleichrangige Verhaltensweisen. Gott hält den Weisen für gleichwertig mit der Welt: durch das gleiche Wort
schafft er die Welt und führt er den Weisen aus den irdischen Dingen zu sich herauf[20]. In der Seele befindet sich
ein Platz, voll von Weisheit und Tugendgras; die Früchte
sind die verschiedenen Taten und die sie begleitenden
Worte[21]. „Kinderlos" dagegen heißen diejenigen, deren
Naturen träge und stumpf und zugleich ununterwiesen
sind[22]. Die Gerechten werden gerettet[23]. Noah war fromm,
indem er beim Eintritt in die Arche und beim Verlassen
der Arche sich nach Gottes Weisungen richtete[24]. Der richtig Hörende läßt das Gehörte zur Tat werden[25]. Hervor-
ragende und gute Leute vollführen ihre guten Taten ohne
Aufschub[26]. Nicht nur das theoretische Verständnis dessen,
was gut ist, zählt also. Esau besitzt ein Verständnis von
guten und würdigen Gedanken; er macht aber den ent-

---

[15] leg all III 203.
[16] mut nom 40.
[17] som II 177.
[18] spec leg I 284.
[19] spec leg IV 131.
[20] sacr AC 8.
[21] Quaest in Gen IV 214.
[22] Quaest in Ex II 19.
[23] Quaest in Gen IV 27.
[24] Quaest in Gen II 48.
[25] Quaest in Ex II 16.
[26] Quaest in Gen IV 124.

gegengesetzten Gebrauch von ihnen[27]. Bei der Tat hin-
wiederum ist das Motiv nicht gleichgültig. Esau beklagt
weniger den verlorenen Segen, als daß er auf den Bruder
neidisch ist[28]. Der Gute und der Böse tun das gleiche Gute,
aber in verschiedener Einstellung: der Böse tut es aus Geiz,
er plant beim Tun des Guten Kniffe[29]. Das Verlangen
nach Frömmigkeit aber ist das, was Gott gefällt[30]. Bei der
Opferung Isaaks wurde der Knabe gerettet: Gott gab das
Geschenk gnädig zurück und ehrte als Entgelt den Opfernden in seiner frommen Haltung[31]. Die nach Frömmigkeit
Strebenden werden belohnt[32]. Die Wohlgefälligkeit vor
Gott gehört mit zu den größten Tugenden[33]. Wer ein
rechter und edler Mann werden will, möge Gott, der Welt,
der Natur, den Gesetzen und weisen Männern zu Gefallen
leben und die Selbstliebe meiden[34]. Das Verlangen nach
Menschenliebe, neben dem Verlangen nach Frömmigkeit,
ist es, was Gott gefällt[35]. Kurz: das vom Menschen erwartete Tun kann, neben der Nennung der Tugend, verschiedene Namen tragen: Abkehr von Hochmut, edles
Wohlverhalten, Weisheit, Gerechtigkeit, Gehorsam gegen
Gottes Weisungen in Gesinnung und Tun, Frömmigkeit
und Streben nach Wohlgefallen bei Gott und den Menschen.

Im Blick auf all solche Verhaltensweisen gilt: demjenigen, der nach einem fehllosen und schuldlosen Leben strebt,

---

[27] Quaest in Gen IV 232.   [28] Quaest in Gen IV 227.
[29] Quaest in Gen IV 211; 221.   [30] Quaest in Gen IV 200.
[31] Abr 177.   [32] virt 218.
[33] Quaest in Gen I 97.   [34] spec leg IV 131.
[35] Quaest in Gen IV 200.

wird von Gott ein testamentarisch verbrieftes Geschenk versprochen[36]. Dabei denkt Philo nicht schlechterdings rigoros. Selbst Esau bekommt den Segen; er muß freilich Fortschritte zeigen[37]. Die Fortschreitenden werden gerettet, die Unheilbaren werden gestraft[38]. Zu dem durch die Wissenschaften vorbereiteten Menschengeschlecht sendet Gott Satzungen und Verordnungen, welche die Seele heiligen und weihen[39]. Nur mit dem Munde *ausgesprochene* Worte fallen unter die Übertretungen. Bleiben sie aber in Gedanken, so sind sie nicht schuldhaft. Denn die Gedanken zeigen die Anmaßung unfreiwillig und disputieren mit den verschiedenen Wünschen grollend[40]. Auch die unabsichtliche und unwissentliche Sünde ist freilich nicht einfach etwas Gerechtes, sondern etwas Neutrales[41]. Das Gesetz erklärt aber keine der unabsichtlichen Handlungen für schuldhaft[42]. Demjenigen, der in Unkenntnis des Besseren fehlt, wird Verzeihung gewährt; wer aber wissentlich Unrecht tut, hat keine Entschuldigung, er ist vor der Instanz des Gewissens von vornherein überführt[43]. Diejenigen, bei denen Reue über ihre Sünden stattfindet, haben einen gnädigen Gott[44]. Erlangung von Versöhnung und Wohlgefallen bei Gott beruht vor allem auf der Besserung derer, die zu Friedensschluß und Übereinkunft mit Gott gebracht werden[45]. Die genaue Untersuchung der Opfer-

[36] mut nom 51.
[37] Quaest in Gen IV 198.
[38] Quaest in Gen IV 50.
[39] cher 106.
[40] Quaest in Gen III 56.
[41] Quaest in Gen IV 64.
[42] Quaest in Gen III 52.
[43] Flacc 7.
[44] spec leg I 242.
[45] praem poen 167.

tiere auf Fehler meint symbolisch die Reinigung der Seele, die Besserung der Sitten [46].

Philo denkt also nicht rigoristisch, sondern erkennt Gradunterschiede an. Das hindert ihn aber nicht, die Würdigkeit des Menschen betont immer wieder zu fordern. Gott tut denen wohl, die würdig sind [47]. Die Testamente teilen Gnaden und Geschenke den Würdigen zu [48]. Wem Gott sich selber schenkt, den hält er einer anderen Anrede für würdig [49]. Gott hat Freude am Geben, wenn die Empfänger der Gnade wert sind [50]. Durch braves Verhalten soll der Mensch sich des Wohlergehens als würdig erweisen; wer die Abwendung von Übeln erbittet, soll nicht Dinge tun, die Strafe und Ahndung verdienen [51]. Gott schickt die Hilfe, die frommen Menschen angemessen ist [52]. Der Mensch betet darum, dessen für würdig gehalten zu werden, daß er an der Gnade teilnehme [53]. Von Natur gut und segenswert zu sein, ist mehr, als bloß gesegnet zu sein; lobenswert zu sein, ist mehr, als bloß gelobt zu sein [54]. Noah fand Gnade nicht nur zufällig; er wurde – und das ist mehr – der Gnade auch für würdig gehalten [55]. Den Segen kann nicht ein schlechter Mensch bekommen, sondern nur jemand, der ihn verdient [56]. Darum ist die Hilfe, die der Mensch mittels der Tugend findet, letztlich – wie Philo freimütig in extremer Weise formulieren kann – Selbsthilfe: das süße, gute und menschenfreundliche Wort

---

[46] spec leg I 259; 260.
[47] Quaest in Gen II 10.
[48] mut nom 58.
[49] mut nom 59.
[50] som II 176.
[51] spec leg I 284.
[52] praem poen 95.
[53] Quaest in Gen IV 102.
[54] migr Abr 106–108.
[55] deus imm 104.
[56] Quaest in Gen IV 106.

Gottes gibt Anteil an der Errettung demjenigen, der imstande ist, sich selber zu retten; er muß nur das Mögliche
leisten [57]. So groß ist das Gewicht dieser Würdigkeit, daß
sie für andere mitzuleisten imstande ist. Mit dem gerechten
und würdigen Noah werden diejenigen gerettet, die sich
an ihn anschließen; Noah erwirbt Tugend für sich und seinen Haushalt, der dadurch der Errettung auch würdig
wird [58]. Die Gerechten werden gerettet, und alle anderen
um ihretwillen [59]. Wenn der Vater, d. i. Gott, einer vollkommenen Familie gedenkt, so rettet er auch deren Ver-
wandte und den Fortschritte machenden, also noch nicht
vollkommenen Mann [60]. Obwohl Esau der schlechte Sohn
ist, wird er vom Vater gesegnet, weil Hoffnung auf Rettung für ihn nur in den Gebeten seines Vaters liegt [61]. Gott
schenkt seinen unbegrenzten und unumschreibbaren Reichtum auch den Unwürdigen um der Würdigen willen [62].

Die zentrale Rolle der Tugend und der ihr verwandten
Verhaltungsweisen, mittels deren der Mensch in frommer
Mächtigkeit sich selber rettet, jedenfalls zu seiner Rettung
entscheidend beiträgt, scheint ja nun aber der dualistischen
Gesamtkonzeption zu widersprechen, in welcher neben der
übergewichtigen Gottheit nichts Außergöttliches eine
wesentliche Existenz besitzt. Fügen diese beiden Gegensätze sich bei Philo organisch zusammen?

Wir kommen der Antwort näher, wenn wir auf eine bei
Philo ebenfalls sehr breit belegbare Gedankenreihe achten,
die wir nach dem Vorigen zunächst gar nicht erwarten

---

[57] Quaest in Gen IV 49. [58] Quaest in Gen II 11.
[59] Quaest in Gen IV 27. [60] Quaest in Gen IV 54.
[61] Quaest in Gen IV 198. [62] sacr AC 124.

würden und die nun – erstaunlicherweise – von der Unwürdigkeit des Menschen spricht.

Noch vorsichtig wird die Würdigkeit des Menschen in
Frage gestellt, wenn das Nachfolgende als eine vielleicht
nicht zutreffende Auffassung gilt: als der Geschenke würdig sieht der Urheber nur diejenigen an, die die heilige
Gesinnung nicht durch schändliche Verhaltungsweisen verderben [63]. Aber Philo kann deutlicher werden. Das Verhalten bei Gelübden kann drei verschieden schwer wie-
gende Sünden begehen: am leichtesten wiegt das undank-
bare Vergessen der erfahrenen Wohltaten; am schwersten
die Meinung, man selber und nicht Gott sei der Urheber
der Wohltaten; eine mittelgewichtige Verfehlung ist die
Auffassung, Gott sei zwar der Urheber, der Mensch könne
aber wegen seiner Verständigkeit und Bravheit und Gerechtigkeit auch bei Gott als der Gnaden würdig gelten [64].
Hier scheint sich eine Auflösung des vorhin festgestellten
Gegensatzes bereits anzuzeigen: die vielen Aussagen von
der Würdigkeit des Menschen bewegen sich offenbar bereits auf einer Ebene, wo der Mensch nicht an Gott gemessen wird, sondern seinen Standort schon *in* der göttlichen Sphäre innehat; wo es aber um Würdigkeit der
Nur-Kreatur, um Würdigkeit „vor Gott" geht, wo der
Dualismus ernsthaft ins Spiel kommt, entfällt die Würdigkeit des Menschen. Da muß der Mensch sich Deut. 9,5
sagen lassen: er bekommt die Gnaden nicht um seiner
Gerechtigkeit und seines lauteren Herzens willen [65]. Es ist
jedoch typisch, wie hier der Gedanke weitergeführt wird.

---

[63] deus imm 105.   [64] sacr AC 54.
[65] sacr AC 57.

Nicht die Würdigkeit des Menschen steht im Kontext zur Debatte. Unterstrichen wird der Vollkommenheitscharakter der Geschenke Gottes: unter den existierenden Dingen sind nur Tugend und tugendhafte Handlungen vollkommen [66]. Das heißt also: des Menschen tugendhafte Aktivität ist Gottes Geschenk. Bei Gottes Geschenken kann von einer Würdigkeit des Menschen überhaupt keine Rede sein. Denn wie edel müßte jemand beschaffen sein, der vor Gott – wieder, wie oben [67], der absolute Maßstab: Gott-Kreatur! – als der Gnade wert sollte gelten können! Auch die ganze Welt ist es kaum, die doch das vollkommenste der göttlichen Werke ist. Der Edle findet bei seinen Untersuchungen als reine Wahrheit die Einsicht: alles ist Gnade Gottes, die Welt als ganze und alle ihre Teile; Gott schenkte der Welt die Welt, und die Teile schenkte er einander und dem Ganzen. Und das, obwohl er nichts seiner Gnade für wert hielt; er handelte aus reiner Güte nach seiner wohltätigen Natur [68]. Die höchste Weisheit, die der Seiende selber spendet, und die nachgebildete Weisheit, die durch die dienenden Kräfte des Seienden gespendet wird, beides ist Gnade [69]. Wenn Gott bei den locker Lebenden, die in ihrem Körper eine Leiche tragen, die Flut der Laster wendet und den Körper mit einer reineren Seele belebt: in seiner Gnade handelt Gott dabei [70]. Ursache für das Rechttun ist das Zusammensein mit Gott allein [71]. Die

[66] sacr AC 57.
[67] S. 102 Anm. 64.
[68] deus imm 106–108.
[69] deus imm 109; 110.
[70] Quaest in Gen II 12.
[71] fug 140.

einen sind schlecht geworden durch den Zorn Gottes, die
anderen gut geworden durch die Gnade Gottes[72].

Der dualistische Grundcharakter dieser Verneinung
menschlicher Würdigkeit liegt auf der Hand: ein anderer
als Gott kann gar nicht schenken, der Mensch verhält sich
zu ihm immer inkommensurabel, er kann gar nicht anders
als „vor Gott" unwürdig sein. Wenn er nach Tugend
strebt, so ist auch das Gottes Geschenk. Darum ist hier die
obige Frage dringlich zu wiederholen: wie eint sich diese
dualistische Betrachtung mit der zentralen Rolle der Tugend und der ihr verwandten Verhaltungsweisen bei
Philo?

Man kann auf das „vor Gott" verweisen: gemessen an
diesem Maß bleibt jedes Geschöpf minder[73]. Das trifft in
der Tat zu. Und doch kann das Geschöpf, von Gott gezogen, in Gottes Sphäre wenigstens teilweise eingehen.
Das geschieht mittels der Entsinnlichung. Hier tut sich
dann das Feld der Tugendübung auf; der die Tugend
Übende bewegt sich nun im Bezirk des Göttlichen. Das
„vor Gott" relativiert diese Tugendübung nicht; in ihr
wird das von Haus aus unwürdige Geschöpf würdig, würdig in der Entsinnlichung.

Moses zieht sich, zur Prüfung seiner Möglichkeiten, vor
dem Wahn der Lüste zurück; darum würdigt Gott ihn der
Gnade, den Feldzug für die Tugenden bis zur Nieder-
werfung der Lüste durchzuführen[74]. Die durch die genaue
Untersuchung der Opfertiere symbolisch anbefohlene Reinigung der Seele und Besserung der Sitten läuft darauf

---

[72] deus imm 70.　　　　　[73] Vgl. oben S. 36–43.
[74] leg all III 13; 14.

hinaus, daß der Opfernde vor einer Verunstaltung durch
Affekte bewahrt werden soll[75]. Wer die Funken und Saatkörner der Tugend besitzt, ist inmitten sinnlicher Vergnügungen und Leidenschaften zum Beisassen geworden[76].
Die Begnadung mit Erkenntnis und Tugendwachstum erfolgt, nachdem die Seele sich von den irdischen Dingen ab-
gewendet hat[77]. Gott bewundert die Einstellung des Menschen, der Gott als das einzig Feststehende bekennt[78].
Gott bewundert: hier gilt der Mensch also nicht als unwürdig. Es handelt sich aber um den Menschen, der mit
solch einer Einsicht sich die Existenz abspricht und die
Existenz Gott allein zuschreibt[79]. So sind die zwölf Patriarchen wie ein Siegel, das selber unverändert bleibt, fest
in den je stammeigenen Tugenden[80]. Abraham erfuhr
keine körperliche und seelische Veränderung und war bereit, seinen Sohn zu opfern[81]. Gott ist gnädig denen, die
voller Ehrfurcht sind, die von der Unmäßigkeit sich zur
Enthaltsamkeit wenden, die die Taten des schuldhaften
Lebens schlecht nennen, die all die schändlichen Trugbilder,
die sie ihren Seelen eingeprägt haben, verabscheuen, die
nach Ruhe vor den Leidenschaften streben, die auf ein
gelassenes und friedliches Leben aus sind[82]. Die Einübung
in die Grundsätze der Einsicht und Tugend fällt zusammen mit der Reinigung von den Makeln der Leidenschaften[83]. Der den Körper und die Leidenschaften liebende

---

[75] spec leg I 259; 260.
[76] Quaest in Gen IV 42.
[77] migr Abr 53.
[78] mut nom 57.
[79] Vgl. oben S. 22 f.
[80] Quaest in Ex II 114.
[81] Abr 175.
[82] praem poen 116.
[83] aet mund 2.

Sinn, der ohne gute Bestrebungen ist, wird aus der heiligen
Gemeinde, wo man ständig über die Tugend spricht, aus-
gestoßen und in das Gefängnis der Leidenschaften gebracht[84]. Dem Kämpfer Jakob, der sich durch unaufhör-
liche und unabwendbare Mühsale den edlen Charakter
erworben hat, gehört der Siegeskranz, die Schau Gottes[85].
Der Tugendkampf wird belohnt mit der Ekstase; kein
Wort hier von der Unwürdigkeit des Menschen. Die Be-
lohnung ist ja der Voraussetzung beim Menschen angemessen: Esau bekommt den erdhaften Segen und wird
Sklave, Jakob den vom Himmel stammenden, zu ihm pas-
senden Segen und wird Herr[86]. Freilich muß der Mensch,
um das zu erreichen, seine Kreatürlichkeit verachten: die
nützlichste Reinigung besteht darin, sich selber zu erkennen und zu erwägen, aus wie minderwertigen Bestand-
teilen, Asche und Wasser, der Mensch zusammengesetzt
ist[87]. Der sich als Kreatur disqualifizierende Mensch
qualifiziert sich damit als göttlich. Geschieht das hinreichend intensiv, so haben diejenigen, deren Erkenntnisdrang
nicht schnell gestillt ist und die darum von der heiligen,
göttlichen Stadt nicht zurückkehren, Gott als ihren Haupt-
führer bei der Wanderung[88].

Unwürdigkeit und Würdigkeit des Menschen sind bei
Philo also letztlich nicht nur keine Gegensätze; sie bedin-
gen einander. Denn der seine kreatürliche Unwürdigkeit
Bekennende gelangt in der Entsinnlichung zu der Tugendübung, die ja nur auf dem Felde des Göttlichen möglich

---

[84] deus imm 111.   [85] praem poen 27.

[86] Quaest in Gen IV 229.   [87] spec leg I 264.

[88] Quaest in Ex II 40.

ist. Die Tugenden Frömmigkeit und Glaube passen den
Sinn an die unsterbliche Natur an und vereinigen ihn mit
ihr [89]. Die Tugend ist ja die Mutterstadt, zu der die Seele
zurückstreben soll [90]. Weil das gesamte Volk eine ganz
enge Verwandtschaft zu den göttlichen Dingen hatte, deswegen erklärte Moses es zum Erben aller Güter [91]. Der
unwürdige Mensch ist der kreatürliche Mensch, dem das
Sein fehlt. Der Mensch, der das erkennt und sich durch
Entsinnlichung von seiner kreatürlichen Existenz trennt,
gewinnt seine Existenz in der göttlichen Sphäre und wird
nun würdig. Wer ist dieser „er", der würdig wird? Philo
legt Gott nicht nach dem Menschen aus; in der Tat. Er
legt den Menschen nach dem seienden Gott aus. Der
Mensch verliert dabei freilich seine Existenz. Gelangt er
zur Schau, so erlischt seine bewußte Konkretheit. Bleibt er,
unekstatisch, auf dem immerhin auch göttlichen Felde der
Tugenden, so wird auch hier schon das Ja zu seiner kreatürlichen Leiblichkeit erdrückt von dem Übergewicht der
allein wirklich existierenden Gottheit.

---

[89] migr Abr 132.
[90] Quaest in Gen IV 196.
[91] virt 79.

11. DIE RICHTENDE GOTTHEIT
UND DER IHR DIENENDE MENSCH

Den Gerichten Gottes gehen immer besondere Gnaden-
erweisungen voraus[1]. Auch die Gottlosen geben, vom Gewissen getrieben, zu: eine höhere Natur beaufsichtigt alle
menschlichen Angelegenheiten, und eine strafende, unbe-
stechliche Gerechtigkeit ist übergeordnet, welche unge-
rechte Taten und Worte haßt[2]. Freilich, die Sodomiter
glauben nicht, daß es einen Beobachter und Aufseher für
menschliche Angelegenheiten gibt[3]. Aber der Verächter
des Gerichtes soll wissen: er ist bereits ergriffen von dem
großen Gerichtshof, welcher die Gewalttäter bestraft und
den ungerecht Angegriffenen hilft[4]. Das Gericht ist für
Philo mithin kein Endgericht; es vollzieht sich immer wieder auf dem Boden der ablaufenden Zeit.

Das Richten Gottes ist also mehr als ein Vorgang innerhalb des Gewissens. Joseph gibt der Frau des Pharao, die
ihn verführen will, zu bedenken: selbst wenn das Gewissen den Menschen nicht straft und der Mensch sich durch
sein Gebaren nicht selber anzeigt, so müssen wir doch die
strafende Gerechtigkeit fürchten, die Beisitzerin Gottes
und die Aufseherin über die Verhaltungsweisen[5]. Das

---

[1] Quaest in Gen I 89.   [2] conf ling 121.
[3] Quaest in Gen IV 42.   [4] Quaest in Gen II 60.
[5] Jos 48.

Strafen Gottes kann mithin massiv welthaft erfolgen, auch wenn das Gewissen des Menschen nicht spricht. Als die Ägypter weder auf Orakelsprüche noch auf Wunderzeichen hin bereit waren, die Israeliten ziehen zu lassen, bedurfte es einer nachdrücklicheren Bedrohung und eines Schwarmes von Plagen[6].

Gleichwohl läßt sich nicht verkennen: das Interesse Philos richtet sich beim Gericht hauptsächlich auf das Schicksal der Seele. Der Kampfpreise verteilende und richtende Gott trennt das Geschädigte, die Seele, von dem Schädigenden, den vier Affekten. Die Seele führt er in die völlige Freiheit hinaus, den Affekten vergilt er strafend die Verfehlungen[7]. Die Leidenschaften werden im Gerichte vernichtet[8]; die Seele wird entweltlicht. Der göttliche Logos straft und ermahnt die für die Heilung empfängliche Seele, daß sie sich unter die Herrschaft der Weisheit zurückbegibt[9]. Gericht ist hier Heimholung.

Gericht kann aber auch strafende Aufdeckung der Sünde sein. Der göttliche Logos straft die Hagar als sehend und doch nicht sehend[10]. Er widerlegt und verwirrt den zur Tugend unfähigen Toren[11]. Der Engel, der göttliche Logos, ist Richter und Mittler; er tadelt die zum Bösen neigende Seele und beschämt sie, so daß sie sich als töricht erkennt[12]. Der göttliche Logos überführt den Toren dessen, daß er nicht weise ist[13]. Die Hörner am Altar (Ex. 27,2) bedeuten symbolisch: der göttliche Logos bekämpft

---

[6] vit Mos I 95.
[7] rer div her 271.
[8] som II 266.
[9] Quaest in Gen III 30.
[10] Quaest in Gen III 28.
[11] Quaest in Gen IV 223.
[12] Quaest in Ex II 13.
[13] Quaest in Gen IV 62.

die Feinde der Wahrheit, durchbohrt jede Seele wie mit Hörnern und offenbart die Nacktheit ihrer unreinen Taten, welche die Seele kurz vorher noch verborgen hatte[14].

Solche richtende Aufdeckung kann zum Äußersten führen. Denn von Gott weggeschickt zu werden, ist das schlimmste Unglück[15]. Geht Gott aus der Seele weg, so wird die Seele verzweifelt, leer und dunkel; es gibt keine größere Strafe für die Seele als von Gott verlassen zu sein[16]. Beim Kampf der guten und der bösen Macht um die Seele gilt: diejenigen, von denen die Gnaden und Gaben Gottes getrennt und abgeschnitten sind, erdulden die Erfahrung der Einsamkeit und der Witwenschaft[17]. Das Gericht stößt so den Menschen ins Nichts.

Bei der Betätigung des Gerichtes geht Gott nicht mechanisch vor. Er mißt als Richter die Strafe zu entsprechend der Notwendigkeit für diejenigen, die sündigen[18]. Diejenigen, die in einem gewissen Maße sündigen, werden gebessert durch verdiente Strafen und Züchtigungen; aber die Täter unbeschreibbarer Untaten werden durch vergeltende Züchtigungen und durch Verbannung bestraft[19]. Die Fortschreitenden werden gerettet, die Unheilbaren werden gestraft[20]. Der Anfänger im Lernen ist wie ein Minderjähriger, der Fortschreitende wie ein vernünftiger Mann; der göttliche Logos spricht wortlos zum Menschen und leitet ihn zu Tugend und Glück[21]. Die Angemessenheit göttlichen Richtens paßt also ohne Schwierigkeit zu-

---

[14] Quaest in Ex II 101.
[15] Quaest in Gen I 73.
[16] Quaest in Gen IV 4.
[17] Quaest in Ex I 23.
[18] Quaest in Gen II 54.
[19] Quaest in Gen IV 8.
[20] Quaest in Gen IV 50; 51.
[21] Quaest in Gen IV 108.

sammen mit der von uns schon öfter[22] wahrgenommenen
Forderung, der Mensch müsse freilich die Tugend üben,
d. h. er müsse zur Entweltlichung Bereitschaft zeigen.

Zu solch einem angemessenen Richten ist die Gottheit
befähigt, weil sie alles durchschaut. Wort und Tat eines
Menschen liegen für alle offen zutage; aber kein Sterblicher, sondern nur Gott kann die Abzielung einer nicht
zutage liegenden Gesinnung erkennen[23]. Das setzt die
Gottheit instand, dem Menschen helfend das Rechte zuzu-
wenden. Ein Mensch kann künftige Ereignisse oder die
Gedanken anderer nicht voraussehen. Für Gott aber ist
alles ganz deutlich wie in reinem Glanz. Er dringt bis in
die Winkel der Seele ein und kann das für andere Unsichtbare ganz klar sehen. So kann er Fürsorge üben[24]. So kann
er aber auch angemessen Gericht halten. Er allein durchschaut die Gedanken[25]. Menschen prüfen die Lebensführung auf Grund sichtbarer Dinge, die Gottheit aber richtet
auf Grund der unsichtbaren Gedanken der Seele[26]. Der
Logos prüft sorgfältig und erforscht umfassend die Typen
der Gott liebenden Charaktere[27].

Zu der Fähigkeit, alles zu durchschauen, kommt bei der
Gottheit hinzu ihre Unbestechlichkeit. Gottes Gericht ist
unbestechlich, ohne Täuschung und Falschheit[28]. Auch die
Gottlosen erkennen die strafende Gerechtigkeit, die eine
höhere Natur gegen alle menschlichen Angelegenheiten zur
Anwendung bringt, als unbestechlich an[29]. Schon ein

---

[22] Vgl. oben S. 58–61; 104–107.
[23] cher 16.
[24] deus imm 29.
[25] migr Abr 81.
[26] Quaest in Gen II 11.
[27] Quaest in Gen IV 95.
[28] Quaest in Gen IV 23.
[29] conf ling 121.

menschlicher Richter läßt sich nicht bestechen; viel weniger
läßt der bedürfnislose Gott sich durch die Menge der
Opfertiere bestechen, wenn die Gesinnung des Opfernden
nicht rein ist[30]. Die Gottheit ist unbestechlich.

Freilich ist es nicht die Gottheit selber, welche die Bestrafung vollzieht. Die gegen die Bösen gerichteten Strafen
werden ausgeführt durch Wesen, die *unter* Gott stehen.
Die ausführenden Engel besitzen allerdings keine selb-
ständige Vollmacht zum Strafen. Die gnädigen, wohltätigen und gern schenkenden Kräfte Gottes passen sich den
Strafen an. Gott delegiert das Strafen an andere Wesen,
weil seine Gnaden von wirklichen oder auch nur vermeint-
lichen Übeln unberührt bleiben sollen[31]. Für Gott als den
ersten und besten Gesetzgeber ziemt das Strafen sich nicht;
er straft durch andere, die ihm dienen, nicht durch sich
selbst. Er ordnet als König die Strafen zwar an; er läßt sie
aber ausführen durch andere, die für solche notwendigen
Dienste geeignet sind[32]. Es ist ein philosophisches Gesetz:
die Bestrafung vollzieht nicht Gott selber, er tut es vielmehr durch seine Diener[33]. Verderbnis und Zerstörung
werden durch andere Diener zustande gebracht, nicht aber
durch den souveränen König[34]. Hier wird Gott so über-
weltlich gedacht, daß er für die Durchführung seiner Gerechtigkeit auf dem Felde irdischer und welthafter Kon-
kretionen sich selber sozusagen zu schade ist. Gerade so
aber ist diese Überweltlichkeit dazu angetan, den Menschen zu einem Nichts zu machen. Beim Anblick der Ver-

---

[30] spec leg I 277. [31] conf ling 180–182.
[32] fug 66. [33] Quaest in Gen IV 42.
[34] Quaest in Ex I 23.

nichtung der Leidenschaften soll der Mensch erschüttert
schweigen und sich vor der furchtbaren Gewalt Gottes
ducken[35]. Die Erscheinung des Seienden erschreckt Abraham und wirft ihn zu Boden, so daß er unfähig ist, Gott
direkt zu schauen[36]. Auch der indirekt strafende Gott erdrückt den Menschen.

Welches Ziel ist für den Menschen erreichbar, der von
dem vernichtenden Gericht Gottes bedroht ist? Nicht das
Nichtsündigen ist das größte Gut, sondern die Scham über
die Sünde; sich über die Sünde freuen wie über gute Taten,
das ist eine schwer heilbare oder eine unheilbare Krankheit[37]. Gen. 17,1 f. bedeutet: tugendhaft und untadelig ist
nicht derjenige Sterbliche, der ohne Schwachheit ist; sondern derjenige, der sich von der Schwachheit zur Gesundheit bewegt[38]. Der Mensch ist zu schwach, um einen rigo-
ristischen Weg beschreiten zu können.

Wie sieht diese Bewegung von der Schwachheit zur Gesundheit aus? Der göttliche Logos schlägt den Unreinen
und Schlechten in die Flucht und verfolgt ihn; der Unreine
aber kann sich am Wasserquell reinwaschen (Gen. 16,7)
und kann von den Gesetzen des Quells trinken[39]. Gott
hält es nicht für unter seiner Würde, fröhlich zu sein, wenn
das Menschengeschlecht sich von Sünden abkehrt und sich
der Gerechtigkeit zuwendet und zukehrt und in freiwil-
liger Gesinnung den Gesetzen und Satzungen der Natur
folgt[40]. Es ist klar, worum es sich handelt: der Buße
Tuende wird gerettet und der aus seelischen Krankheiten

---

[35] som II 266.
[36] Quaest in Gen III 41.
[37] Quaest in Gen I 65.
[38] Quaest in Gen III 40.
[39] Quaest in Gen III 27.
[40] som II 174.

Gerettete tut Buße; beide streben hin zu einer in sich ge-
schlossenen und vollkommenen Haltung[41]. Diese gegen-
seitige Durchdringung von Buße und Errettung bestätigt
unsere frühere[42] Einsicht: der Tugendübende befindet sich
bereits innerhalb des göttlichen Bezirks der Entweltlichung.
Ohne Anteil an der Zucht dagegen sind die Seelen der
jungen Menschen wie ein unaufhaltsamer Strom; sie irren
dorthin, wo es keinen Nutzen bringt[43]. Gott aber vergibt
auch Übeltaten, die sich über viele Jahre erstrecken, wofern die Menschen während weniger Tage Buße tun[44].
Die Buße soll nicht roh, sondern verbunden sein mit dem
Grundsatz des Wissens[45].

Die Buße ist eine Abwendung vom Hochmut mittels der
Betrachtung der Demut[46]. Diese Bewegung darf nie aufhören. Einige, die in der Tugend Fortschritt gemacht haben,
kehren um und fliehen, bevor sie das Ziel erreicht haben;
denn die in der Seele eben erst gewachsene Macht der Tugend wird durch alten Irrtum zerstört, der nach einer kurz-
fristigen Ruhe wieder zurückkehrt, um mit großer Gewalt
anzugreifen[47].

Neben der Buße gibt es noch einen anderen Weg, auf
dem man sich von der Schwachheit zur Gesundheit bewegt[48], das ist der Kult. Es wird sich freilich herausstellen,
daß es sich bei dem Kult letztlich doch nicht um einen
zweiten Weg – neben der Buße – handelt.

---

[41] spec leg I 253.
[42] Vgl. oben S. 60 f.; 101–107.
[43] Quaest in Ex II 13.
[44] Quaest in Gen II 13.
[45] Quaest in Ex I 16.
[46] Quaest in Ex I 15.
[47] Quaest in Ex I 7.
[48] Quaest in Gen III 40.

Zunächst aber geht es nun um das Mittel des Kults im ganz wörtlichen Sinne. Auch der Edle ist, als entstandenes Wesen, mit dem Sündigen untrennbar verknüpft; im Blick darauf muß man die Gottheit mit Gebeten und Opfern gnädig stimmen, damit sie nicht aufgebracht wird und angreift[49]. Durch den Altar Gottes kommen die Freisprüche und vollkommenen Vergebungsakte für alle Sünden und Übertretungen zustande[50]. Diejenigen, welche unrechte Gelübde getan haben, sollen Gott durch Gebete und Opfer gnädig stimmen, damit sie gleichsam eine notwendige Heilung für ihre seelischen Krankheiten finden[51]. Der Priester soll eine Art Mittelstellung zwischen göttlicher und menschlicher Natur innehaben, damit die Menschen durch eine Art Mittler Gott gnädig stimmen; damit Gott jedoch die Gnaden den Menschen durch eine Art Diener darreiche[52]. Moses ordnet für die Sündigenden Gelübde und Gebete an und stiftet Versöhnung[53]. Es gibt freilich Opfer, die – entsprechend dem schon oben[54] besprochenen Tenor des *deus solus* – auf Gott allein abheben oder mit der menschlichen Situation wenigstens in nur sekundärer Weise zu tun haben. Das Ganzopfer wird allein um Gottes willen dargebracht zu seiner Ehrung, das Heilopfer für das Wohlergehen und die Besserung der menschlichen Angelegenheiten, das Sündopfer zur Heilung der Verfehlungen, welche die Seele begangen hat[55]. Opferblut ist eine heilige Gabe für Gott; daneben macht es den

---

[49] vit Mos II 147.
[50] spec leg I 215.
[51] spec leg II 17.
[52] spec leg I 116.
[53] praem poen 56.
[54] S. 40 f.
[55] spec leg I 197.

Menschen heilig und geisterfüllt[56]. Es sind die **real voll-** zogenen Opfer, die den Weg von der Schwachheit **zur Ge-** sundung darstellen.

Gleichwohl gilt: der bedürfnislose Gott läßt sich durch die Menge der Opfertiere nicht bestechen, wenn die Gesinnung des Opfernden nicht rein ist[57]. Mit willigem Herzen, mit williger Gesinnung müssen die Erstlingsopfer dargebracht werden, sonst sind sie keine Erstlingsopfer[58]. Der Opfernde soll in allen Bezeugungen der Ehrfurcht feststehen und in der Seele nicht mangelhaft oder lahm sein, sondern mit gesundem und vollem Verstande das Dankopfer vollziehen[59]. Ja, die Reinheit des Lebens soll das Opfer nicht nur begleiten, sie ist vielmehr selber ein Opfer. Das Fleisch auf dem Altar wird vom Feuer verzehrt, aber die Heiligkeit des Opfers bleibt zurück; denn Opfer ist nicht das Fleisch, sondern das reine und fleckenlose Leben einer heiligen Person[60]. Jede Seele, die es nach sittlicher Tüchtigkeit verlangt, ist ein Trankopfer[61]. Noch viel mehr gilt das von dem Glauben, der ja *die* zentrale Tugend ist[62]. Wer als Schaufreudiger alles als Gabe Gottes versteht, bringt Gott als fleckenloses und schönstes Opfer den Glauben dar an Festen, die nichts mit den Sterblichen zu tun haben[63]. Daß das reale Opfer damit nicht abgeschafft ist, liegt nach den vorhergehenden Texten ja auf der Hand; aber der eigentliche Akzent fällt damit doch auf die Ver-

---

[56] Quaest in Ex II 33.
[57] spec leg I 277.
[58] Quaest in Ex II 50.
[59] Quaest in Ex II 99.
[60] Quaest in Ex II 98.
[61] Quaest in Ex II 71.
[62] Vgl. oben S. 84 Anm. 40, 41; S. 85 Anm. 42.
[63] cher 85.

geistigung und verinnerlichende Ethisierung des Opfers. Es ist wie bei der Fürbitte. Moses tut vierzig Tage lang Fürbitte in prophetischem Vorausblick auf die vierzig Jahre, in denen die Wüstengeneration ihre Verdammung zustandebringen wird[64]. Die Fürbitte ist also wirksam. Und doch ist sie wirksam nur, wenn die rechte Gesinnung des Betroffenen vorliegt: die Hoffnung auf Rettung, die für Esau nur in den Gebeten seines Vaters liegt, ist an die Voraussetzung geknüpft, daß Esau Fortschritt zeigt[65]. Beim Opfer wie bei der Fürbitte ist die Besserung des Verhaltens unerläßlich.

Wie weit geht diese Ethisierung? Stößt sie das Lohndenken kräftig um und stellt sie die freudige Freiwilligkeit rechten Handelns nachdrücklich heraus?

Zunächst scheint es so. Die Gesinnung soll sich ändern: von Torheit zur Erziehung, von Ungebärdigkeit zur Geduld, von Furcht zum Mut[66]. Wer den geschriebenen Gesetzen gehorcht, erhält nicht unbedingt Lob, er wird ja geleitet durch Zwang und durch Furcht vor Strafe; wer aber bei den ungeschriebenen Gesetzen bleibt, beweist die Freiwilligkeit der Tugendübung und ist des Lobes würdig[67]. Die Abkehr des Menschengeschlechts von Sünden hin zu einer freiwilligen Befolgung der Gesetze und Satzungen der Natur macht Gott froh[68]. Die rechte Art der Unterwerfung geschieht aus Ehrfurcht und Achtung, wie Söhne gegenüber ihren Eltern, Schüler gegenüber ihren Lehrern, Jünglinge gegenüber Älteren sie fühlen[69].

---

[64] Quaest in Ex II 49.
[66] Quaest in Ex I 4.
[68] som II 174.

[65] Quaest in Gen IV 198.
[67] spec leg IV 150.
[69] Quaest in Gen III 30.

Gleichwohl wäre es ein Irrtum, hier den Lohnpragma-
tismus als durchbrochen anzunehmen. Gerade der zuletzt
zitierte Text fährt dann fort: es ist höchst nützlich, gegenüber Besseren, als man selber es ist, zu gehorchen und sich
unterzuordnen; herrschen lernt man nur dadurch, daß
man vorher gelernt und sich vorher darin geübt hat, sich
beherrschen zu lassen[70]. Die Gesetze der Juden hemmen
die Sinnlichkeit teils durch milde Lehren und philosophische Ermahnungen, teils durch gewichtige und scharfe Zu-
rechtweisungen und durch drohend vor Augen gestellte
Furcht vor Strafe[71]. Die spontane Freiwilligkeit und die
Lenkung durch Lohn und Furcht stehen beim menschlichen
Handeln also nebeneinander. Für dies Nebeneinander gibt
es eine sehr einfache Begründung. Wo das Eine Ziel verfolgt wird, der Gottheit zu dienen, da sind die Motive
dafür zwar nicht gleichwertig, aber letztlich doch uner-
heblich. Wer Gott um Gottes willen dient, bekommt als
Kampfpreis den Freundesrang. Wer zwecks Lohnerlan-
gung oder zur Strafvermeidung Gott dient, erhält den
Kampfpreis, nicht als Fremder zu gelten. Denn auch der
lohnsüchtige und nicht selbstlose Dienst bleibt innerhalb
der göttlichen Gehege[72]. Die Jenseitigkeit Gottes besitzt
ein solches Übergewicht, daß bei dem sich auf Entweltlichung einlassenden Menschen die Motive und damit die
Reinheit ethischen Handelns in den zweiten Rang geraten,
wofern nur die Entweltlichung selber in Gang kommt.

---

[70] Quaest in Gen III 30.
[71] spec leg II 163.
[72] Abr 128–130.

12. ABSCHLUSS

Die starken Spannungen innerhalb des philonischen Gottesbegriffs liegen nach alledem ja offen zutage: Gott, der eigenschafts- und affektlose, der aber doch über den bösen Menschen aufgebracht ist und ihn, indirekt, angreift; Gott, die geistige Größe, auf deren Existenz man schließen kann, die aber mittels des menschlichen Denkens gerade nicht erfaßbar ist; Gott, das einzige wirklich existierende Seiende, das aber doch personal handelt. Die denkerischen Schwierigkeiten, die hier ja tatsächlich vorliegen, herauszustellen, war aber nicht mein eigentliches Anliegen. Ich wollte vielmehr aufzeigen: gerade die unbedingte jenseitige Übergewichtigkeit der Gottheit verhindert keineswegs die Anerkennung menschlichen Lohnstrebens; sie entwertet freilich die Weltlichkeit der Welt und die Menschlichkeit des Menschen. In dieser Weise, meine ich, sollten wir Gott nicht denken und auslegen.

STELLENREGISTER

(Die Reihenfolge der Bücher richtet sich nach der griechischen
Philo-Ausgabe.
Die Zahl vor dem Komma bedeutet die der betr. Seite, die Zahl
hinter dem Komma die der betr. Anmerkung.)